Hartmut Jaeger/Joachim Pletsch (Hrsg.)

LEID – TOD – TRAUER

Ein Wegweiser zur Hoffnung

CHRISTLICHE VERLAGS-GESELLSCHAFT DILLENBURG

idea Evangelische Nachrichtenagentur

idea-Dokumentation 10/2005

Weitere Titel aus der CV-Reihe »Dokumentationen«

Fundamentalismus
Sind bibeltreue Christen Fundamentalisten?

Taschenbuch, 96 Seiten

CV-Best.-Nr. 273378, € 2,50
idea-Dokumentation 5/2003

Streit um Jesus
Wer war er? Hat er wirklich gelebt?

Taschenbuch, 128 Seiten,
CV-Best.-Nr. 273379, € 2,50
idea-Dokumentation 7/2003

Abtreibung
Wer bestimmt, wer leben darf?

Taschenbuch, 128 Seiten,
CV-Best.-Nr. 273374, € 3,50
idea-Dokumentation 6/2003

Homosexualität
Irrweg oder Alternative?

Taschenbuch, 128 Seiten,
CV-Best.-Nr. 273374, € 3,50
idea-Dokumentation 10/2003

BILDNACHWEIS

Titelbild: IngramPublishing

Seiten 11, 12, 14, 17, 21, 23, 27, 31, 69, 72, 81, 77, 75, 85, 119, 120: privat
Seite 29, 37, 39, 41, 63, 65, 66: idea
Seite 53: Lothar Rühl

IMPRESSUM

idea-Dokumentation 10/2005

Hartmut Jaeger/Joachim Pletsch (Hrsg.)

Leid-Tod-Trauer

Ein Wegweiser zur Hoffnung

ISBN 3-89436-455-6

Koproduktion: Christliche Verlagsgesellschaft, Dillenburg
www.cv-dillenburg.de

idea e.V. – Evangelische Nachrichtenagentur, Wetzlar
www.idea.de

Gesamtgestaltung, Satz, Einband:
Kai-Alexander Sommerfeld, dc agentur, Tel. 06471-5169066, info@dcagentur.de

Druck: Ebner & Spiegel, Ulm

Printed in Germany

Inhalt

Vorwort

Von jeher gehören Leid und Tod zum bitteren Erfahrungspotential des Menschen. Niemand bleibt davon verschont, uns alle betrifft der Tod und die mehr oder weniger unerfreulichen Begleiterscheinungen, die er mit sich bringt.
Wenn ein lieber Angehöriger den Tod erleidet, erleben wir in unterschiedlichem Maße Betroffenheit – ein Empfinden, das uns in dieser Intensität im „normalen" Leben nicht so vertraut ist und dem wir deshalb oft unvorbereitet gegenüberstehen. Der Tod trifft uns unerwartet, ungewollt, er ist uns nicht willkommen und zutiefst unangenehm. Alles Geschehen rund um den Tod können wir gar nicht oder nur z. T. unter Kontrolle halten, wir verlieren den Halt, brechen aus in bis dahin nicht gekannte Verhaltensmuster. Auf all das und vor allem auf einen tiefen Schmerz sind wir gar nicht gefasst und stehen dem im ersten Moment wahrscheinlich hilflos gegenüber. Dazu kommen Fragen über den Sinn des Ganzen, oft auch Vorwürfe und Anklagen gegenüber Gott, eher selten Gebete und Bitten um Beistand.
Was andere in der Auseinandersetzung mit dem Tod lieber Angehöriger erlebt und durchgemacht haben, kann uns persönlich zu einer großen Hilfe werden. Deshalb dokumentiert dieses Buch eine Vielzahl von Erlebnissen und Erfahrungen mit dem Tod ganz unterschiedlicher Menschen und in ganz unterschiedlichen Situationen. Diese Erfahrungen zeigen: Der Tod muss uns nicht unvorbereitet treffen und er muss auch nicht das Letzte sein, was uns

im Zusammenhang mit dem Verlust bewegt. Als Christen brauchen wir nicht hilflos zu sein angesichts des Todes, besonders deshalb nicht, weil wir an die Überwindung des Todes durch die Auferstehung Jesu Christi glauben.
Der Tod ereilt uns Menschen auf vielfältige und unterschiedliche Weise. Mal plötzlich durch einen Unfall oder auch langsam schleichend im Zusammenhang mit einer tödlichen Krankheit. Kein „Todesfall" ist letztlich gleich geartet, wenn sich auch manche sehr ähnlich sind. Aber jeder Todesfall, jeder Trauerprozess wird individuell erlebt, verläuft einzigartig und ist deshalb auch für sich zu würdigen und zu betrachten.
Alle hier vorgestellten Todesfälle stehen im Zusammenhang mit gläubigem Christsein. Trotzdem ist der Schmerz über den erlebten Verlust nicht weniger groß als bei nicht gläubigen Menschen. Er wird aber gemildert durch die lebendige und begründete Hoffnung, nach dem Tod bei Gott zu sein bzw. die lieben Angehörigen dort zu wissen. Wie entscheidend eine solche Hoffnung sein kann – auch für die Verarbeitung von Leid und Trauer -, wird in fast allen dieser Fälle mehr oder weniger faszinierend und bewegend deutlich. Trotz einer Stärkung durch den Glauben ist es aber auch für Christen hilfreich, grundsätzliche Kenntnisse über das Trauern und den Umgang mit dem Tod zu gewinnen. Das hilft ihnen bei ihrer eigenen notwendigen Trauerarbeit, und es befähigt sie, andere Trauernde und Sterbende besser zu verstehen und zu begleiten, weil diese Hilfe brauchen.
Die Ergebnisse der Sterbeforschung sollten auch Christen zur Kenntnis nehmen und entsprechende Schlüsse daraus ziehen. Tröstende Bibelworte sind ganz wichtig und sollen unbedingt ihren besonderen Platz haben im Prozess des Trauerns. Die Trauerfeier ist traditionell ein zentrales Element im Abschied von lieben Angehörigen. Gerade dieses Ereignis gewinnt zunehmend eine missionarische Dimen-

sion in unserer Gesellschaft, indem immer mehr Menschen losgelöst von Kirchen und Glaubensgemeinschaften sterben und bestattet werden und dabei doch nicht selten auf Vertreter des Christentums zurückgreifen. Hier bietet sich die Chance, wenn auch nicht mehr die Verstorbenen selbst, so aber doch ihre Angehörigen, Freunde und Bekannten mit dem Evangelium zu erreichen.
Angesichts des Todes Hoffnung auf Leben zu verkünden, gerade das ist die Stärke des christlichen Glaubens, der auf der Grundlage der Erfahrung ruht: Jesus lebt! – und: „Weil ich lebe, werdet auch ihr leben!“ (Johannes 14,19), wie Jesus Christus selbst denen sagt, die an ihn glauben und ihm ihr Leben und ihr Sterben anvertraut haben.

Die Herausgeber
Dillenburg, im Mai 2005

Karsten Huhn

WIE GOTT FÜHREN KANN

Familie und Gesundheit – das sind für viele Menschen die wichtigsten Dinge im Leben. Joana Kloos hat beides verloren. Bei einem Verkehrsunfall kamen 1997 ihr Mann Robert und ihre fünfjährige Tochter Deborah ums Leben. Sie selbst erlitt schwere Verbrennungen an Kopf, Hals und Armen, überlebte jedoch durch die Hilfe von Ärzten. 16 Operationen retteten ihr Leben. Bis heute leidet die 33-Jährige an den Folgen des Unfalls. Dennoch wurde die Zeit der Trauer um ihre Familie und der schweren körperlichen Leiden am Ende eine Zeit sinnerfüllten Lebens: Joana Kloos wurde Christin.

Joana Kloos wächst in Rumänien auf, in Langendorf (Siebenbürgen), einem Dorf mit 1.400 Einwohnern. Mit ihrer Familie besucht sie die rumänisch-orthodoxe Kirche, zu Hause beten sie das Vaterunser. „Wir glaubten an Gott, aber wir wussten wenig von Jesus", sagt Kloos. Nach dem Schulabschluss und der Ausbildung zur Schreinerin nutzt sie 1991 die Chance, nach Deutschland zu gehen. Die fremde Sprache lernt sie schnell. Sie lernt ihren Mann Robert kennen, auch er ein Rumäniendeutscher. Sie heiraten, ein Jahr später kommt ihre Tochter Deborah zur Welt. Zunächst arbeitet Joana Kloos in einer Pralinenfabrik, Roberts Großmutter passt auf das Kind auf. „Ich kann mich nicht erinnern, dass ich ein Hobby hatte", sagt Joana Kloos. „Ich war wie eine Maschine. Viel Arbeit, wenig Zeit fürs Kind, das war die Woche. Wir wollten später mal ein Haus kaufen, sonst hatten wir keine Ziele." Erst als Deborah fünf Jahre alt ist, bleibt Joana Kloos zu Hause.

Gottesdienste besucht die Familie damals kaum. Deborah

dagegen wird von ihrer Oma christlich erzogen und geht mit ihr zur Kinderstunde einer Brüdergemeinde. Wenn die Eltern am Abendbrottisch einfach zu essen beginnen, werden sie von Deborah ermahnt: „Wir müssen noch beten!“

Die letzte Reise

Am Samstagnachmittag des 13. Dezember 1997 starten Robert und Joana Kloos mit Deborah in ihrem BMW 318 die letzte gemeinsame Reise. Sie fahren von ihrem Wohnort Haiger-Seelbach bei Siegen nach Rumänien. Sie wollen die Eltern besuchen und mit ihnen Weihnachten feiern. Es ist eine lange Fahrt, über 1.500 Kilometer legen sie zurück über Würzburg, Wien und Budapest, erst auf der Autobahn, dann über Landstraßen. Sie wechseln sich mit dem Fahren ab, gönnen sich nur kurze Pausen. Gegen Mitternacht meldet sich Deborah von der Rückbank. „Ich bete jetzt, und dann schlafe ich“, sagt sie. Es sind die letzten

VOR DEM UNFALL: Joana Kloos (links) mit Ehemann Robert und Tochter Deborah, die nur 5 Jahre alt wurde.

Worte in ihrem Leben. Sie kuschelt sich an ihr braunes Plüschkätzchen und schläft ein. „Warum nehmen Sie so viel Lebensmittel mit?", knurrt ein Beamter bei der Grenzkontrolle. „Rumänien ist doch nicht Somalia." Joana Kloos diskutiert mit ihm, schließlich dürfen sie alles mitnehmen. Ein letztes Mal wechseln Robert und Joana Kloos die Plätze. Robert fährt, Joana schläft auf dem Beifahrersitz.

Es ist gegen 7.30 Uhr rumänischer Zeit, etwa 30 Kilometer vor dem Ziel, als der BMW mit einem entgegenkommenden Wagen zusammenprallt. Im anderen Fahrzeug sitzen drei Männer, die auf dem Weg zu einem Gottesdienst sind. Alle sind sofort tot.

Doch Joana Kloos lebt. Sie hört, wie jemand von außen ans Auto klopft. „O Gott, hier brennt jemand", hört Joana Kloos. Es klingt für sie wie eine Stimme aus einer anderen Welt. Nur langsam begreift sie, dass sie gemeint ist. Die Fahrzeugtür wird geöffnet, zwei Hände greifen nach ihr und ziehen sie hinaus. Beim Aussteigen verliert sie einen

DAS UNFALL-FAHRZEUG, in dem Joana Kloos, selber schwer verletzt, ihren Ehemann und die kleine Tochter verlor.

Schuh. Barfuß läuft sie über die Straße. „Es war sehr kalt, und ich spürte den steinigen Asphalt.“
Joana Kloos will ihre Tochter retten, sie will zurück zum Auto, doch sie kann nichts sehen. Sie möchte laufen, jemand hält sie fest. Sie hört noch, wie der Tank ihres Autos explodiert. Dann wird sie ohnmächtig. Die Familie von Joana Kloos erfährt am selben Tag aus dem Fernsehen, dass Robert und Deborah tot sind. Robert wird durch den Unfall gegen das Lenkrad geschleudert; sein Sitz löst sich aus der Verankerung und erdrückt das auf dem Rücksitz schlafende Kind.

40 Tage im Koma

Joana Kloos ist die einzige Beteiligte, die den Unfall überlebt. Ihr Kopf, ihr Hals und ihre Arme erleiden Verbrennungen dritten und vierten Grades. Ärzte retten sie, indem sie ihre Luftröhre aufschneiden. 40 Tage wird sie ins künstliche Koma versetzt. Innerhalb von zwei Monaten wird sie 16-mal operiert. Ärzte tragen ihre verbrannte Haut ab, sie nehmen Haut von Rücken und Beinen und verpflanzen sie auf Gesicht und Arme. Sie amputieren ihre linke Hand, sie amputieren die Finger ihrer rechten Hand, später konstruieren sie neue Augenlider. Bei den täglichen Verbandswechseln spürt Joana die Schmerzen; doch sie kann nicht schreien und nicht weinen. Sie verliert ihr Zeitgefühl, sie träumt in schlimmen, grenzenlos traurigen Bildern, sie träumt von Blut, von Laufbändern, auf denen Arme und Beine zerhackt und anschließend weggeworfen werden.

Der Blick in den Spiegel

Als Joana Kloos entlassen wird, ist sie ein neuer Mensch in einem gealterten Körper. Im ersten Jahr nach dem Unfall muss sie einen Kompressionsanzug tragen, der die Narben vor dem Verhärten schützen soll. Ihr Gesicht sieht aus wie

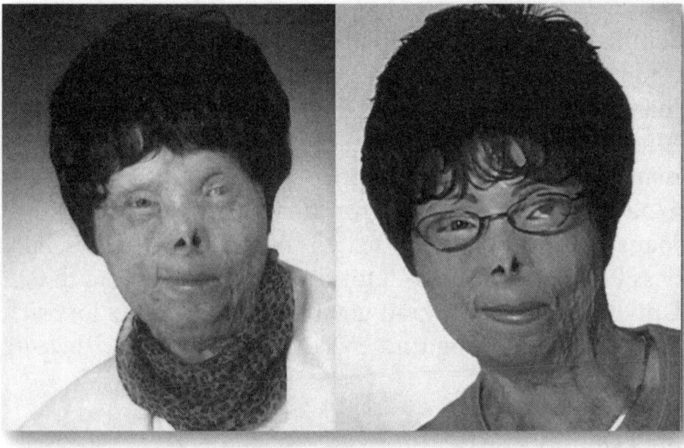

ENTSTELLT, ABER GERETTET – Joana Kloos nach den ersten Operationen (oben) und heute nach zahlreichen kosmetischen Eingriffen

eine Maske, in der für Augen, Mund und Nase Schlitze freigelassen worden sind. Ihr linkes Auge ist erblindet, sie trägt eine Perücke und an der linken Hand eine Prothese. Als Joana Kloos zum ersten Mal nach dem Unfall in einen Spiegel schaut, hält sie den Anblick nur wenige Sekunden aus. „Der Gedanke, mit diesem Gesicht weiterleben zu müssen, war für mich einfach unerträglich. Ich war müde, einfach müde und traurig. Ich hatte keine Kraft, über mein Leben nachzudenken."

Die neue Haut spannt, Joana Kloos benötigt Schmerzmittel und Antidepressiva. Weitere Operationen sind nötig, unter der Haut werden kleine Expander eingesetzt, die die Haut spannen sollen. In Bad Camberg (bei Limburg) macht sie eine Kur, begleitet von ihrer Schwester, ihrer Schwiegermutter und ihrer Schwägerin Sofia Kloos (29). Die liest ihr jeden Tag aus einer Kinderbibel vor. Wieder daheim besuchen sie zusammen den Gottesdienst der

Freien Brüdergemeinde Haiger-Seelbach. „Ich weiß nicht mehr, wer predigte. Ich weiß nur noch, dass der Prediger dazu aufrief, mit Jesus zu leben“, erinnert sich Joana Kloos. „Ich war fast tot gewesen. Ich spürte, dass Gott mich überleben ließ, damit ich mich für ihn entscheide. Ich konnte keine Minute länger zögern.“ Nach dem Gottesdienst betet sie mit ihrer Schwägerin Sofia Kloos und wird Christin. Wenn Joana Kloos heute am Abendmahl ihrer Gemeinde, der Freien Brüdergemeinde Haiger-Steinbach, teilnimmt, bricht der neben ihr Sitzende ihr das Brot.

Erschreckte Blicke

Manche Leute, denen Joana Kloos in der Stadt begegnet, erschrecken; Mütter wechseln die Straßenseite, damit ihre Kinder sie nicht sehen müssen. „Solche Reaktionen tun weh, aber ich kann sie verstehen“, sagt sie. „Die Menschen brauchen Zeit, um sich an mich zu gewöhnen. Aber ich weiß, dass ich von Gott geliebt bin, auch wenn ich verbrannt bin.“

Manchmal wird sie gefragt, wie sie an Gott glauben könne, wo sie doch Mann und Kind verloren und dazu ihre Gesundheit eingebüßt habe. „Bevor ich Christ wurde, habe ich ähnlich gedacht“, sagt Joana Kloos. „Meine Ehe, unser Kind, Arbeit und Gesundheit – das nahm ich alles als selbstverständlich. Heute empfinde ich das anders. Mir ist viel genommen worden, aber auch so viel geschenkt: Ich habe Luft zum Atmen, ich kann sehen, ich habe die Gemeinde und die Familie meiner Schwägerin und vor allem: Ich habe ewiges Leben!“

ideaSPEKTRUM 19/2002 vom 8. MAI

Helmut Hauser

„ICH FÜHLTE MICH VON GOTT VERLASSEN"

„Aufgefahren in den Himmel" – Wie ein Vater den Krebstod seiner Tochter erlebte

„Aufgefahren in den Himmel, er sitzt zur Rechten Gottes, des Allmächtigen Vaters." So heißt es im allen Kirchen gemeinsamen Apostolischen Glaubensbekenntnis über die Himmelfahrt Christi, der seit Jahrhunderten am Donnerstag – zehn Tage vor Pfingsten – gedacht wird. Christen gilt die Verheißung, dass sie ebenfalls nach ihrem Tod in den Himmel kommen – die unsichtbare Realität Gottes. Mit dem Tod verschlechtert sich der Christ also nicht. Ganz im Gegenteil: Er kommt in eine Welt ohne Leid und Tränen, ins Paradies. Doch bis zu dieser Erkenntnis ist es oft ein langer, schmerzhafter Prozess.

„Blutkrebs!" – diese Diagnose bei meiner 15-jährigen Tochter Eva-Maria traf meine Familie völlig unvorbereitet. Mein Leben als Christ war bisher mehr als gesegnet. Als selbständiger Architekt in Egenhausen (zwischen Nagold und Freudenstadt im Schwarzwald) habe ich beruflich fast alles erreicht, was man erwarten kann. Meine Mitarbeiter sind überwiegend Christen, und ich habe immer wieder Gottes Führung erfahren. So etwa, als wir nach einer Flaute im Auftragseingang um neue Aufträge beteten und schon eine dreiviertel Stunde später einen unserer größten Aufträge erhielten. Ich bin seit 25 Jahren glücklich mit meiner Frau Ute verheiratet, meine Töchter sind ebenfalls Christen.

Positives Denken?

Dann kam die Krankheit meiner zweitältesten Tochter Eva-Maria. Sie hatte schon ein paar Tage hohes Fieber gehabt. Eine Blutuntersuchung brachte schließlich den Verdacht auf Leukämie. Unter Tränen sagten meine Frau und ich es unserer Tochter: „Du musst sofort ins Krankenhaus ... mit Verdacht auf Leukämie!“ Eva-Maria schrieb damals in ihr Tagebuch: „Leukämie, Leukämie, Leukämie, hämmerte es in meinem Kopf. Leukämie diese Krankheit ... ich?! ... das kann nicht sein, nicht ich ... das ist unmöglich. Plötzlich bricht es aus mir heraus: ‚Nein, Nein!' Doch die hohlen Wände des Korridors werfen mir nur ein leeres Echo zurück: ‚Nein, Nein ...' In der Zwischenzeit hat auch meine alte Kunstlehrerin mitgekriegt, was los ist, und sie nimmt mich in die Arme und meint: ‚Ach Kindchen, du musst jetzt positiv denken und darfst das nicht glauben, lass es nicht zu!' Doch in meinem Innersten wusste ich, dass positives Denken keine Antwort für mich sein würde. Beim Verlassen des Schulgebäudes wurde ich durch ein Plakat wieder an das erinnert, was mir in meinem jungen 15-jährigen Leben bisher immer Hoffnung und Hilfe war: ‚Von guten Mächten treu und still umgeben, erwarten wir getrost, was kommen mag, Gott ist mit uns am Abend und am Morgen und ganz gewiss an jedem neuen Tag.'“

EVA-MARIA HAUSER

Eva-Maria kam ins Universitätskrankenhaus Tübingen. Der Verdacht wurde zur Gewissheit: Sie hatte Blutkrebs. Es verging kein Tag, an dem nicht Besucher, Post, Päckchen oder Blumen für Eva-Maria kamen, denn bevor sie krank wurde, war sie mit den „King's Kids" (einer internationalen christlichen Jugendorganisation) in Deutschland, Europa und auf den Philippinen unterwegs gewesen und hatte weltweit Freunde gefunden. Selbst ihre behandelnden Ärzte und Schwestern konnten sich an eine solche Anteilnahme bisher nicht erinnern. Eva-Marias Herz schlug für Menschen am Rande der Gesellschaft. Am stärksten bewegt haben sie die Einsätze auf einem Müllberg in Cebu (Philippinen), wo sie mit Hunderten der Allerärmsten konfrontiert wurde, die im Dreck nach Essbarem suchen.

Geheilt?

Eva-Maria musste anderthalb Jahre lang Chemotherapie, Bestrahlungs- und Langzeittherapie durchlaufen. Dabei gab es Höhen und auch viele Tiefen – die Entwicklung des Blutbildes war für uns manchmal wie ein Krimi, denn keiner wusste, wie es ausgeht. Nach diesen anderthalb Jahren galt Eva-Maria als geheilt, und die zeitlichen Abschnitte der medizinischen Überwachung wurden immer länger. Im März 1998 stellte man dann einen Rückfall fest, und das war sehr hart für Eva-Maria, denn sie hatte so viele Pläne: das Abitur, einen Einsatz in Israel, dann das Medizinstudium ... Nach ein paar Tagen des inneren Kampfes und Gebets konnten wir uns dieser erneuten Herausforderung stellen. Uns wurde auch gleich mitgeteilt, dass parallel zur Chemotherapie ein Knochenmarkspender weltweit gesucht würde, denn ohne Transplantation hätte sie keine Überlebenschance! Wir erlebten bei der Suche nach der „Stecknadel im Heuhaufen" Gottes Eingreifen: Es wurde tatsächlich in Deutschland ein Spender gefunden. Eva-Maria wurde auf die Transplantation vorbereitet.

Das bedeutete, dass alle persönlichen Dinge, wie Wäsche, Bücher, CDs usw. sterilisiert werden mussten und sie in ein keimfreies Zelt kam. Meine Frau durfte mit ins Zelt, musste sich aber mit Schutzkittel und Mundschutz vorher präparieren. Das notwendige Vernichten von Eva-Marias eigenem Immunsystem vor der Transplantation war äußerst brutal und für mich vorher unvorstellbar. Nach dem Injizieren des neuen Knochenmarks war Eva-Maria acht bis zehn Tage ohne jegliches Immunsystem, und das war für sie lebensgefährlich. Mit viel Gebet und durch die Unterstützung unserer Großfamilie, unserer Freunde und vor allem unserer Gemeinde konnte Eva-Maria nach 21 Tagen die Transplantationsstation verlassen und langsam in ein normaleres Leben zurückfinden.

„Das war brutal"

Eva-Maria war nach Aussagen der Ärzte immer wieder „für Komplikationen gut“: Ihr Körper stieß das neue Knochenmark vollständig ab. Wieder ging das Prozedere von vorne los. Man stellte fest, dass sich ein Prozess in Eva-Marias Körper abspielt und die Ärzte nicht so recht wussten, was eigentlich los ist. Kurz darauf musste Eva-Maria dann wieder stationär aufgenommen werden, und es ging ihr täglich schlechter. Es sollten drei Wochen werden, die uns als Familie bis zum Äußersten herausforderten. In dieser Zeit wurde mir jegliche Grundlage meines Lebens entzogen. Mein Glaube an Jesus Christus, also den Sohn Gottes, wurde in Frage gestellt. Nach außen hin hatte ich die Fähigkeit, einigermaßen stabil zu bleiben, nach innen setzte sich der Auflösungsprozess von Tag zu Tag unaufhaltsam fort: Das Gespräch mit Gott wurde von meiner Seite aus schwächer, ich fühlte mich von ihm verlassen. Ich war seit fast 40 Jahren Christ, doch das hatte ich noch nicht erlebt: nichts mehr von Gott zu erahnen, keine Antwort mehr zu bekommen. Das war brutal. Ich war tief zerbrochen und durchlitt das Wort Jesu am Kreuz „Warum hast du mich verlassen?“ in aller Härte. Eva-Maria ging es ähnlich.

Vier Stunden vor dem Tod

Bis vier Stunden vor dem Tod von Eva-Maria habe ich von Gott nichts mehr gespürt. Am Sterbebett sitze ich bei ihr und fühle, wie sie mit ihrem Glauben kämpft und wie sehr sie ihre Fragen an Gott in dieser Stunde quälen: „Papi, ich hadere mit Gott“, sagt sie. Dann tritt eine Wende ein. Eva-Maria und ich sprechen alle vorhandene Schuld zwischen uns aus. Ich spüre, wie ich die Kraft bekomme, ihr diese Last abzunehmen: „Du, ich nehme das auf mich, ich bin dein Vater, du brauchst nicht mehr zu kämpfen.“ Von da an ist Eva-Maria wie verwandelt. Sie wird ruhiger, ihre Stimme trotz Atemnot heller und klarer, wie ich es nur aus Kindertagen her kannte. Eva-Maria spricht davon, wie ihre Beerdigung ablaufen soll: „Kommt alle in Weiß, sprecht von Hoffnung!“ So paradox es klingt: Fast wurde die Zeit bis zu ihrem Tod zu einer Freudenstunde. Ich bekam die Kraft, sie los und sterben zu lassen. Die Zeit bis zu ihrem Herzstillstand war von einer unbeschreiblichen himmlischen Atmosphäre gekennzeichnet: Ein tiefer Friede war in unserem Inneren und trotz der intensiven medizinischen Betreuung auch im Krankenzimmer spürbar. Wir wussten: Unsere Tochter hat das Ziel erreicht!

Das Leid annehmen

Auch die Beerdigung mit annähernd 1.000 Menschen habe ich als eine Offenbarung Gottes erlebt. Ich fühlte mich, als ob ich einen halben Meter über der Erde schwebte. Nach dem Tod haben wir uns sechs Monate lang Auszeit genommen, um den Schmerz und die Trauer nicht durch Überaktivität zu verdrängen. Danach haben wir uns mit unserer Tochter Gabriela zusammengesetzt und festgelegt, dass wir uns nun wieder mit neuer Freude und Zuversicht dem Leben und den Aufgaben zuwenden werden. Inzwischen sind zweieinhalb Jahre seit dem Tod von Eva-Maria vergangen. Bis zum heutigen Tag können wir sagen, dass unser himmlischer Vater uns in Leid, Trauer und Belastungszeiten nicht alleine lässt, sondern auf verschiedenste Art und Weise eingreift und hindurchhilft. Der Tod unserer Eva-Maria brachte uns neu die Hoffnung, dass unser Leben hier nur vorübergehend ist und wir uns auf das Zukünftige freuen dürfen! Es ist Gottes Wille, dass wir auch in Leid geraten und dieses Leid dennoch annehmen und ertragen. Ich bin jetzt viel freier als früher. Ich habe keine Angst mehr, denn was soll mir noch passieren: Gott hat mir das Kind genommen, und ich sage: „Ja, Herr, ich nehme es an und gehe meinen Weg noch treuer mit dir."

FAMILIE HAUSER vor dem Tod von Eva-Maria: (v.l.) die Eltern Helmut, Ute und die älteste Tochter Gabriela

ideaSpektrum 47/2002 vom 20. November

Markus Mockler

Elternglück – zerstört in einem Augenblick

Schweiz: Wie ein christliches Ehepaar mit dem Tod von zwei Kindern umgeht

Der Monat November steht jährlich im Zeichen des Totengedenkens. Vreni und Thomas Herwig aus Soyhières, 40 Kilometer südlich von Basel, brauchen dazu keine Erinnerung im Kalender. Sie denken jeden Tag an den Tod. Seit jenem 26. Februar 2001, als zwei ihrer vier Kinder auf dem Bauernhof der Familie bei einem Unfall im Heulager ums Leben kamen. Das Unglück hat eine ganze Region erschüttert. Erstmals sprechen die beiden, die der evangelikalen Freien Missionsgemeinde in Dittingen bei Laufen angehören, öffentlich über diese private Katastrophe und darüber, wie sie als Christen damit umgehen.

Wenn der Begriff Idylle nicht so abgenutzt wäre, beim Hof der Herwigs und den umliegenden Weiden würde er passen. Das Anwesen liegt abgeschieden von Städten und Schnellstraßen, es ist nur mit einem Geländewagen zu jeder Jahreszeit über eine schmale, steile Holperstrecke zu erreichen. Eine kleine heile Welt am nördlichsten Zipfel der französischen Schweiz. Thomas und Vreni haben sich dieses Fleckchen Erde mit 93 Hektar landwirtschaftlicher Fläche bewusst herausgesucht. Der gelernte Elektrotechniker sattelte 1989 gegen den Rat vieler Freunde auf die Landwirtschaft um.

Zerrüttete Ehe

Nach einem Auslandsjahr in San Diego bei Los Angeles hatte er vom Stadtleben die Nase voll. Er wollte ein Leben mit Frau und Kindern, die in einem natürlichen Umfeld aufwachsen. 1989 heiratet er die bildhübsche Vreni, Verkäuferin in der Modebranche. Noch im selben Jahr wird die erste Tochter geboren, Sina. Es folgen 1992 Elena, 1995 Jan und am Silvestertag 1996 Flurin. Im Mai 1994 übernehmen sie bei Soyhières den Bauernhof, damals eine Ruine. Sie machen sich an den Wiederaufbau von Haus und Stall, bewältigen zwischendrin zwei Geburten, bieten darüber hinaus mehrere Jahre lang eine stationäre Therapie für Heroin- und Kokainsüchtige nach dem Drogenentzug an. Eine unglaublich anstrengende Zeit. Die Ehe zerrüttet, weil sich die beiden nicht mehr ausreichend umeinander kümmern.

Herzattacke belebt Glauben

Das Paar kommt aus einer volkskirchlichen Tradition. Das Tischgebet führen sie ein, als die Kinder es verstehen kön-

Weihnachten 1999 – damals war die Familie noch komplett.

nen. Aber ein lebendiger Glaube ist das nicht. Der kommt erst durch einen Süchtigen, der beginnt, in der Bibel zu lesen und der seine gastgebende Familie mit Fragen über Gott und die Welt bombardiert. Zwei Tage nach der Geburt seines Jüngsten erleidet Thomas Herwig dann eine Herzattacke. Sie mündet in eine geistliche Erneuerung. „Gott hat mir fast buchstäblich das Herz durchbohrt, damit ich verstehe, was am Kreuz auf Golgatha geschehen ist", erinnert er sich.

Das Bild am Tag des Todes

Von nun an sollte Jesus Christus den ersten Platz in seinem Leben haben. Auch Vrenis Glaube wurde durch die Ereignisse neu entfacht. Die vier Kinder empfindet das Paar als großen Segen. Am letzten Februarwochenende 2001 erleben sie eine innige Gemeinschaft. Draußen schlechtes Wetter, niemand zu Besuch, keine Einladung zu Freunden – die Familie bleibt lange im Bett, spielt, der Vater erzählt Geschichten, alle haben Spaß. Elena, die Achtjährige, beginnt am Sonntagabend etwas zu malen. Sie, der normalerweise ein Bild gar nicht bunt genug sein kann, wählt an diesem Abend nur einen schwarzen Stift. Sie malt den Hof mit Garten, die Berge, eine Kirche, an der ein Ballon aufsteigt. Darüber ein strahlender, offener Himmel. Eine Zeichnung, die eine seltsame Ahnung ausdrückt.

Dieses Bild stellte Elena am Tag ihres Todes fertig.

Das „Müschterli" hilft gerne

Elena wird von den Eltern häufig „Müschterli" genannt, das Musterkind. Das blondlockige Mädchen ist ungewöhnlich hilfsbereit, schlichtet manchen Streit im Haus, beginnt ohne Aufforderung mit dem Aufräumen in der Küche. Sie kann aus alten Pappdeckeln einen Regenbogen machen, denkt im selben Moment aber auch an ihren kleinen Bruder Flurin und fabriziert für ihn in Windeseile aus zwei Klopapierrollen einen „Feldstecher", damit auch er etwas zu spielen hat. Flurin ist das Nesthäkchen. Der Vierjährige sieht genau so aus, wie sein Vater als kleiner Junge ausgesehen hat. Zwischen den beiden herrscht eine enge Seelenverwandtschaft. Thomas muss mit dem Knaben nicht viel reden – die beiden verstehen sich stumm.

„Es kann nichts passieren"

Nach diesem Wochenende kommt der Rosenmontag. Die drei jüngeren Kinder erleben in der Schule ein lustiges Verkleidungsfest in selbst gemachten Kostümen. Gegen 16.45 Uhr kehrt Vreni mit ihnen auf den Hof zurück. Sina, die Älteste, ist noch in der Schule. Die Mutter greift zum Mehl, setzt einen Brotteig an. Die Kleinen fragen, ob sie vor dem Abendessen im Stall spielen dürfen. Sie nutzen dort oft mit Roller und Bobby-Car den Mittelgang als Rennstrecke. Vreni macht ihrem Zwerg Flurin noch die Jacke zu. Sie ist sicher: Beim Spielen kann nichts passieren.

Kinder in der Falle

Was dann geschieht, lässt sich schwer rekonstruieren. Die Kinder gehen in den Raum, in dem das Heu belüftet wird. Das dürfen sie eigentlich nicht – und an dieses Verbot haben sie sich vor diesem Tag immer gehalten. Der Raum ist teilweise leer, weil das Vieh gegen Ende des Winters viel von dem hartgepressten Heu aufgebraucht hat. Im Lager stehen aber immer noch meterhoch gepresste Ballen. Ausgerechnet in dem Moment, als die Kinder den verbotenen Raum betreten, gerät der Turm mit dem gepressten Heu ins Wanken und stürzt ein. Bis heute weiß niemand warum. Es ist wie eine Falle, die zuschnappt. Für Elena und Flurin gibt es kein Entkommen. Das steinhart verdichtete Material begräbt sie unter sich. Den Dritten, Jan, verfehlen die Massen nur um Haaresbreite.

Heu so hart wie Stein

Der entsetzte Junge rennt ins Haus zu seiner Mutter. „Mama, Mama, ich habe niemanden mehr zu spielen“, schreit er. Vreni eilt in den Stall, in den Belüftungsraum, sieht die übereinander geworfenen Ballen, ahnt den Zusammenhang. Ihre Hände krallen sich in das harte Material – vergeblich. Sie kann nichts bewegen. Schnell zurück ins Haus, sie ruft ihren Mann, der gerade die Älteste von der Schule holt, auf dem Mobiltelefon an, trommelt dann die Nachbarn zusammen. Einer alarmiert sofort die Feuerwehr. Minuten später stehen über 30 Menschen auf dem Hof. Als Vreni sieht, dass sie nichts ausrichten kann, geht sie mit Jan ins Haus, betet laut, singt mit zitternder Stimme Lieder.

Die Feuerwehrmänner müssen sich übergeben

Währenddessen kämpfen mehrere Männer mit dem Heu. Mit Gabeln stechen sie in die Ballen. Dadurch quillt das Material auf, die Berge werden höher statt kleiner. Es dauert eine Ewigkeit, bis ein Helfer auf Flurin stößt. Er drückt dem Vater den leblosen Jungen auf den Arm. Der steigt über die Heuberge nach draußen, versucht Wiederbelebung – vergeblich. Drei Minuten später ein Schrei – „Wir sehen Elenas Arm.“ Der Vater kämpft sich übers Heu zu dem Ort, bekommt nun sein Mädchen auf den Arm gedrückt, klettert wieder hinaus, startet auch hier die Reanimation – vergeblich. Nach dem chaotischen Lärm herrscht plötzlich Stille auf dem Hof. Mehrere Feuerwehrmänner haben sich übergeben, weil sie die Situation nicht ertragen konnten.

„Sie haben's geschafft"

Mitten in der Rettungsaktion durchfährt es Thomas Herwig wie ein Blitz – er fühlt für einen Sekundenbruchteil Wärme, Licht, einen Strahl aus der Ewigkeit. Er spürt, dass seine Kinder bereits „drüben" angekommen sind. Nachdem die Leichname vor ihm liegen, geht er zu seiner Frau ins Haus und sagt: „Sie haben's geschafft." Zwei Stunden später fahren sie ihre verunglückten Kinder ins Krankenhaus. Thomas hat Elena auf dem Arm, Vreni trägt Flurin. Der Junge und das Mädchen sehen aus wie schlafend. Offensichtlich sind sie einen schnellen Tod gestorben, haben keinen quälenden Kampf durchlitten. Vreni: „Ich dachte, es ist wie bei Schneewittchen – gleich wachen sie wieder auf." Bis Mitternacht bleiben Eltern und Geschwister bei den Leichnamen, dann fahren sie nach Hause.

Trost bei Gott

Es folgen unzählige Telefonate durch die Nacht. Am nächsten Morgen geht der Vater mit Sina und Jan zur

Wir wollen nicht trauern, dass wir sie verloren haben, sondern dankbar sein dafür, dass wir sie gehabt haben, ja, auch jetzt noch besitzen, denn wer heimkehrt zum Herrn, bleibt in der Gemeinschaft der Gottesfamilie und ist nur vorausgegangen.

Todesanzeige

Tief bewegt müssen wir Ihnen mitteilen, dass unsere beiden Sonnenscheine

Elena-Maria und Flurin-Darius «Flürli»

uns durch einen tragischen Unfall im Alter von 8 und 4 Jahren entrissen worden sind.

2805 Soyhières, 26. Februar 2001

In tiefer Trauer:
Thomas und Verena Herwig-Bon
und Sina-Katharina und Jan-Andrea
sowie Verwandte und Freunde

Die Abdankungsfeier findet am Freitag, 2. März 2001, um 14.00 Uhr in der Kirche von Courroux statt. Anschliessend Beisetzung im engsten Familien- und Freundeskreis auf dem Friedhof von Soyhières.

Dies gilt als Leidzirkular.

Vreni Herwig mit Elena (8) und Flurin (4). Beide Kinder wurden bei einem Unfall von gepressten Heuballen erdrückt. Mehr als 700 Menschen besuchten nach Erscheinen dieser Todesanzeige (rechts) den Trauergottesdienst.

Schule, spricht in deren Klassen über das unglaubliche Geschehen, betet mit den Kindern. Die Menschen in Soyhières staunen. Auch bei den Kondolenzanrufen geschieht es, dass die Eltern mehr die Tröstenden sind als die, die getröstet werden. Denn die beiden wissen ihre Kinder bei Gott. Der tapfere Umgang mit der Katastrophe ist vielen geradezu ungeheuer. „Das macht denen nichts aus, die sind in einer Sekte“ wird getuschelt.

Mehr als 700 bei Beerdigung

Die Beerdigung wird zu einer Großveranstaltung. Über 700 Menschen kommen. Die Kirche kann die Menschen nicht fassen, vor dem Portal stehen viele Trauernde. Die Feuerwehr drückt jedem einen gasgefüllten Luftballon in die Hand. Gemeinsam lassen die Besucher die bunten Ballons zum Himmel steigen. Eine Erinnerung auch an das Bild, das Elena am Morgen ihres Todestages fertiggestellt hat.

Von der Hoffnung reden

Der Unfalltod der beiden Kinder ist Gesprächsthema in jedem Haus. Herwigs werden beobachtet. Dass sie unter ihrem furchtbaren Schmerz nicht zerbrochen sind, dass sie bewusst auf dem Bauernhof bleiben, der sie tagtäglich an die gemeinsamen Stunden mit den Kleinen erinnert – das ist für die einen unverständlich, für die anderen ein beeindruckendes Glaubenszeugnis. Das Ehepaar hat unzählige Gelegenheiten genutzt, von Gott zu erzählen, vom Kreuz, von der Hoffnung auf das ewige Leben.

Ein Grab zieht Menschen an

Vreni geht unregelmäßig ans Grab. Manchmal jeden Tag, manchmal zwei Wochen nicht. Bei der Vorstellung, dass in der Erde die Körper ihrer geliebten Kinder verwesen, zerreißt es ihr das Herz. „Jeden Zahn haben wir gepflegt, jeden Fingernagel. Aber jetzt muss ich mir bewusst machen: Hier liegt nur ihr Leib, und ihre Seele ist bei Gott." Das Grab wird von vielen Menschen aus der Region besucht, auch von Schülern. Vreni entdeckt immer wieder neue Gaben auf dem Friedhof – hübsche Steine, Schneckenhäuser, Bastelarbeiten. Elena und Flurin sind in der Region nicht vergessen.

„Lobgesänge in der Nacht"

Trotz allen geistlichen Trostes – der Verlust hinterlässt eine sehr tiefe Narbe. „Auf die Frage nach dem ‚Warum' gibt es für uns keine Antwort, aber wir stellen uns diese Frage auch fast nie", stellt Vreni fest. Die Eheleute sind dabei erstaunt, wie Gott sie und die beiden anderen Kinder durch die vergangenen Monate getragen hat. Während mancher Feuerwehrmann nach dem Rettungseinsatz psychologische Betreuung brauchte, haben die Eltern die Situation im Vertrauen auf Gott meistern können. Thomas Herwig geht immer wieder ein Vers aus dem Buch Hiob (Kapitel 35, 10) durch den Kopf, wo von diesem Gott die Rede ist, „der mir Lobgesänge gibt in der Nacht." In der Dunkelheit des Verlustes von Elena und Flurin sind die Eltern ihrem Schöpfer noch näher gekommen.

Die Eltern, die zwei ihrer Kinder verloren – traurig, aber im Glauben an Jesus Christus getröstet: Thomas und Vreni Herwig auf ihrem Hofgut am Rande der französischen Schweiz.

UNS TRAF DER BLITZ

Ein Sänger und Bibelschüler über den tragischen Tod seiner jungen Ehefrau

Im „Trauermonat" November sind viele – bis hin zum Ratsvorsitzenden der EKD, der dies öffentlich bekannte – bewegt von der Trauer- und Verlusterfahrung, die der Sänger Herbert Grönemeyer in seinem Album „Mensch" verarbeitet hat. Auch der Christ und Sänger Johannes Oßwald (26), der zur Zeit am Missionshaus Bibelschule Wiedenest (Bergneustadt bei Gummersbach) studiert, hat seiner Trauer über den tragischen Tod seiner jungen Ehefrau (Foto, 26) in einem Liederalbum Ausdruck verliehen („Und der Schmerz regnet sich von der Seele"). Für idea berichtet er von seinen dramatischen Erfahrungen mit dem Thema Tod.

Im Sommer 1999 schien noch alles perfekt. Helene und ich waren gerade ein Jahr verheiratet, die Zukunft lag vor uns. Und wir hatten große Pläne. Wir wollten für drei Monate nach Nepal zu einem Missionseinsatz fliegen. Die Flugtickets waren schon längst gebucht. Vorher aber wollten wir noch Urlaub machen. Wir entschieden uns für eine Kurzreise nach Südtirol, eine zweitägige Bergtour. Unsere Berg-Euphorie war nicht zu bremsen, und die Kletterroute machte enormen Spaß. Am zweiten Tag unserer Tour zogen dunkle Wolken auf, so dass wir einen Klettersteig ausließen und schon nachmittags vom Berg abstiegen.

Der Abstieg in das Tief

Bei unserem Abstieg zurück zum Karerpass wunderten wir uns, dass immer noch einige Wanderer aufstiegen, obwohl bereits die ersten Regentropfen vom Himmel fielen. Wir zogen schon bald unsere Regenbekleidung über, weil es stärker zu regnen begann. Mittlerweile zogen von zwei Seiten dunkle Wolken auf, und Blitze zuckten vom Himmel. Blitz und Donner waren für uns noch nicht besorgniserregend. Die Zeit zwischen Blitz und Donner von etwa sechs bis zehn Sekunden (umgerechnet zwei bis drei Kilometer Gewitterentfernung) machte uns noch nicht nervös. Wir waren nur noch 20 bis 30 Minuten von der sicheren Paolinahütte mit dem Sessellift-Anschluss auf den Karerpass entfernt. Ich bat Helene, für das letzte Wegstück das Tempo anzugeben und vorauszugehen. Nach kaum 20 Schritten zuckte vor uns ein blendend heller Blitz. Er traf Helene, schlug durch sie durch und streifte meinen Fuß. Ich war sofort bewusstlos. Als ich nach geraumer Zeit wieder zu mir kam, glaubte ich, aus einem Alptraum erwacht zu sein. War es Tag oder war es Nacht? Wo war Helene? Schließlich dämmerte mir in meiner Erinnerung der Augenblick des Blitzschlags. Ich wollte

aufstehen und nach Helene schauen, aber mir versagten die Beine. Was war mit mir? Meine Beine waren wie gelähmt, schwer und pelzig.

Wo ist meine Frau?

Ich rief nach Helene, erhielt jedoch keine Antwort. Alles kam mir immer noch wie ein böser Traum vor. Dann hob mich ein Mann vorsichtig vom Boden auf, sogleich musste ich erbrechen. Er drehte meinen Kopf von Helene weg und versuchte, mich wieder auf meine Beine zu stellen. Doch sie waren durch den Stromstoß des Blitzes wie gelähmt. Ich sah meinen nackten linken Fuß, der Verbrennungen erlitten hatte, und vor mir den zerfetzten Bergstiefel. „Ich bin doch nirgends heruntergefallen“, dachte ich. Der Mann versuchte, mir mehrmals zu erklären, dass uns ein Blitz getroffen hat und er bereits mit seinem Handy Hilfe gerufen hätte. „Was ist mit meiner Frau?“, erkundigte ich mich sofort. „Wir haben sie versorgt“, bekam ich zur Antwort. Eigenartigerweise begnügte ich mich damit. Da kamen auch schon die Hubschrauber. Der Rettungsarzt gab mir eine Narkosespritze, und man flog mich auf die Intensivstation nach Bozen.

Der dunkelste Moment meines Lebens

Meine erste Frage im Krankenhaus war: „Wo ist meine Frau, und wie geht es ihr?“ Man antwortete mir, dass Helene in einem anderen Haus läge. Nach weiteren bohrenden Fragen sagten mir die Ärzte – in Sorge um meine Herzwerte – , dass Helene schwer verletzt in einer anderen Klinik läge und es ihr sehr schlecht gehe. Draußen gewitterte es immer noch. Nicht nur der Himmel über Bozen war mit dunklen Wolken verhangen, sondern auch mein persönlicher Lebenshimmel trübte sich langsam in ein tiefes Schwarz. Wie ging es Helene wirklich? Wie stark waren ihre Verbrennungen? Würde sie wieder völlig genesen? Ich

flehte die ganze Nacht zu Gott mit der Bitte, Helene zu heilen.
Lange ließ man mich im Ungewissen. Erst 24 Stunden nach dem Unglück teilte man mir mit, dass der Blitzschlag Helene sofort das Leben nahm. Das war (und ist) für mich ein unfassbarer Schock. Ich weinte nur noch und wollte alle Uhren der Welt zurückdrehen.

Gott, warum?

Der dunkelste Moment meines Lebens war hereingebrochen: Gott, warum? Warum hast du Helene schon zu dir geholt nach nur einem einzigen Jahr Ehe, wo wir deinen göttlichen Segen gemeinsam so konkret und intensiv erlebt haben? Warum hast du, Gott, mich nicht auch von dieser Welt zu dir geholt? Warum gerade Helene, wo ich immer wieder zu ihr gesagt hatte, dass ich ohne sie nicht leben könnte? Warum lässt du das zu?

Gottes Zusagen vertrauen

Mein Pastor besuchte mich im Krankenhaus und lenkte meinen Blick auf sensible, seelsorgerliche Weise mehr und mehr auf Gott: Bei ihm allein gibt es wahren Trost und reales Auffangen in solchem Leid. Wir beteten und redeten gemeinsam über Zusagen in der Bibel, in welchen Gott verspricht, den Schwachen, Niedergeschlagenen, Trauernden, Einsamen, Kranken, Verletzten, Witwen und Witwern nahe zu sein, sie in besonderer Weise zu segnen, sie zu tragen, wenn sie nicht mehr können, sie zu trösten, sie aufzurichten und ihnen neue Kraft zu geben. Ich verstand allerdings erst nach und nach, was diese Zusagen für mein Leben bedeuten. Einige Bibelstellen bewegen mich dabei bis zum heutigen Tag, so Psalm 39 und Psalm 40. Zu diesem Zeitpunkt wusste ich noch nicht, dass für mich, für Helenes und meine Familie Hunderte von Christen bereits beteten, doch ich spürte es ganz real.

Keine Antworten

Trotzdem gab es für mich auch in den ganzen Monaten danach keine Antwort auf die mich immer wieder bedrängenden Warum-Fragen. Diese Fragen und auch viele Ängste begleiteten mich durch meinen Trauerprozess. Hoffnung gab mir Helene selbst: Vor ihrem Tod betonte sie immer wieder: „Ich habe keine Angst vor dem Tod, denn ich weiß, dass der himmlische Vater dann auf mich wartet!“ Sie freute sich sehr darauf, einmal in seinem himmlischen Reich zu sein. Bis auf den heutigen Tag war in mir kein verbitterter oder gar auflehnender Gedanke gegen Gott. Im Gegenteil, es gab seit diesem Erleben seiner nicht in Worte zu fassenden Nähe erst recht keine Zweifel mehr an seiner Existenz und an seinem für uns doch so unbegreiflichen Handeln. Ich erlebte, was es heißt: „Gott ist in meiner Schwachheit mächtig!“

CD-Tipp

In den ersten Monaten nach dem Tod seiner Frau schrieb Johannes Oßwald einige Lieder, die seine Erfahrungen widerspiegeln. Unter der Regie von Tobi Schwenger (Arrangeur und Komponist) und Andreas Meilicke (Produzent) entstand die CD „Und der Schmerz regnet sich von der Seele“. „Ich wünsche mir, dass diese CD für viele eine Ermutigung wird, auf den zu schauen, der aus meiner tiefsten Dunkelheit wieder Licht gemacht hat – Gott, den himmlischen Vater.“ So der Wunsch von Johannes Oßwald. Die CD kann im Buchladen Wiedenest (Olper Str. 6, 51702 Bergneustadt, Tel. 02261-406129, buchladen@wiedenest.de) zum Stückpreis von 10 € zzgl. Versandkosten bestellt werden. Die Begleitbroschüre „6 Tage im Juli“, ein persönlicher Bericht von Johannes Oßwald, gibt es jeweils gratis dazu.

IDEASPEKTRUM 30/31/2003 VOM 23. JULI 2003

Karsten Huhn

„Ein Wunderwerk Gottes"

Wie Sibylle und Markus Pfattheicher mit ihrem querschnittsgelähmten Sohn leben

Markus und Sibylle Pfattheicher führten ein glückliches Leben. Sie hatten sich beim Jugendverband „Entschieden für Christus" (EC) kennen gelernt, beide schlossen eine Ausbildung zum Groß- und Außenhandelskaufmann ab und heirateten bald danach. Markus machte sich selbständig, verkauft Operationsbekleidung an Arztpraxen. Pfattheichers bekamen zwei Kinder, Silas und Rebekka. Dann war das dritte Kind unterwegs.

„Am Rücken ihres Kindes ist etwas nicht in Ordnung", sagte der Frauenarzt nach der Ultraschalluntersuchung. Der Rücken war offen, das Kind würde querschnittsgelähmt zur Welt kommen. Es würde nie auf eigenen Beinen stehen. „Es war für uns ein Schock", sagt Markus Pfattheicher. „Wir saßen am Küchentisch und heulten." Dann beginnen Pfattheichers zu hoffen. Vielleicht ist es doch nicht so schlimm, wie die Ärzte sagten? Sie informieren ihre Eltern, die Gemeinde, Freunde. Alle beten für sie. Am 14. September 1999, gegen neun Uhr, kommt Joshua mit Kaiserschnitt zur Welt. Nach der Geburt wird er sofort in die Kinderklinik gebracht. Um 16 Uhr wird Joshuas Rücken operiert, zehn Tage später folgt ein weiterer Eingriff. Bei Joshua kann das Wasser, das sich im Gehirn bildet, nicht wie bei anderen Menschen ins Rückenmark abfließen. Ohne Operation wäre sein Kopf immer weiter aufgedun-

sen. Die Ärzte legen eine Ventilableitung vom Kopf in den Bauchraum.
Sieben Tage später wird Joshuas Bauch erneut aufgeschnitten. Der Schlauch war porös geworden. Ein Materialfehler, den es zuvor noch nie gegeben haben soll. „Keiner lasse den Mut sinken“ (1. Samuel 17,32), steht an dem Tag in den Losungen. „Ich habe die Losungen nie gemocht“, erinnert sich Sibylle Pfattheicher. „Aber damals haben sie mir geholfen. Ich fühlte mich zu schwach, um lange Bibeltexte zu lesen.“

Der erste Rollstuhl

Im letzten Herbst bekam Joshua seinen ersten Rollstuhl. Es muss für ihn ein Festtag gewesen sein. „Kaum saß er drin, konnte er auch schon damit fahren“, erinnert sich sein Vater. Joshua genießt die Aufmerksamkeit, die er mit seinem Rollstuhl bekommt. Er ist ein fröhliches Kind, macht mit seinem Rollstuhl kleine Vorführungen, dreht sich um sich selbst. „Ein Rollstuhl bekommt mehr Respekt als ein Kinderwagen“, sagt seine Mutter.
Heute ist Joshua drei Jahre alt. Sechsmal wurde er bisher operiert. Er trägt eine Windel; er wird sein Leben lang welche brauchen. Denn auch sein Unterleib ist gelähmt. Aber er krabbelt blitzschnell durch die Wohnung, seine Arme und sein Oberkörper sind kräftiger als bei anderen gleichaltrigen Kindern. Joshua besucht denselben Kindergarten wie seine Schwester, ein Zivildienstleistender kümmert sich um ihn. Später wird Joshua auch eine normale Schule besuchen können, hoffen seine Eltern.
Joshua hat den Glauben seiner Eltern an Gott gestärkt. „Unsere Erwartung, dass wir ein gesundes Kind bekommen müssen, war viel zu hoch. Durch Joshua haben wir erkannt, dass der Mensch ein Wunderwerk Gottes ist“, sagt Sibylle Pfattheicher. Auch neue Freundschaften hat Joshua seinen Eltern gebracht. „Die Menschen erzählen

uns viel mehr vom Leid, das sie selbst erfahren haben." Vor kurzem vermittelte der Arzt, der Joshua behandelt, ein Gespräch mit einer Familie, die ebenfalls ein Kind mit offenem Rücken geboren hatte. Manchmal, wenn Sibylle Pfattheicher auf dem Spielplatz die Kinder umherrennen sieht, fragt sie sich: „Warum rennt meines nicht?" Sie hat eine Antwort darauf gefunden. „Auch wenn wir Gottes Pläne nicht verstehen: Gott ist nicht ungerecht. Seine Gedanken sind höher als unsere", sagt sie. „Wir sind Gott dankbar, dass wir Joshuas Behinderung so gut tragen können." Es scheint so, als wären Pfattheichers noch immer eine glückliche Familie.

ideaSpektrum 38/2004 vom 15. September

Karsten Huhn

Ein Öffentlichkeitsarbeiter Gottes

Wie ein Journalist 15 Jahre lang damit lebte, jederzeit sterben zu können

Friedhelm Steinraths wusste, dass er bald sterben würde. 15 Jahre lebte er im Angesicht des Todes. 1988 diagnostizierten Ärzte bei ihm die Wegnersche Granulomatose, eine Erkrankung des Immunsystems, in deren Verlauf Nieren und Leber zerstört werden. Gewöhnlich bleibt dem Erkrankten eine Lebenserwartung zwischen fünf Monaten und fünf Jahren. Ärzte kämpften mit Chemotherapie und Cortison um Steinraths Gesundheit; er setzte seine Hoffnung auf Gebete und Gottes Zusagen. Was König David erfahren hatte, wurde auch für ihn zum Leitwort: „Ich werde nicht sterben, sondern leben und des Herrn Werke verkündigen. Der Herr züchtigt mich schwer; aber er gibt mich dem Tode nicht preis“ (Psalm 118,17.18).

Schreckliche Nächte

Durch die Behandlungen fielen seine Haare aus, er litt an Schwindelanfällen. Manchmal waren die Schmerzen so groß, dass er die Nächte nur sitzend verbringen konnte. Steinraths musste aufhören zu arbeiten. Er betete um Heilung, er bat Gott, dass er ihm wie König Hiskia noch 15 weitere Jahre zum Leben geben möge (2. Könige 20,1-11). Sein Arzt notierte, dass Steinraths über „eine erstaunliche psychische Stärke“ verfüge. Die Behandlung schlug an, die Krankheit schien gestoppt, er konnte wieder arbeiten.

Christ wurde Friedhelm Steinraths als Neunjähriger während einer Jungscharfreizeit. Nach seiner Lehre als Werkzeugmacher studierte er zunächst einige Semester Informatik in Gummersbach und ging dann ans Theologische Seminar des Bundes Freier evangelischer Gemeinden in Ewersbach (Mittelhessen). Bei seiner Arbeit als Pastor in Mülheim an der Ruhr und in Goslar (Harz) setzte er frühzeitig moderne Medien für die Verkündigung ein. So entwickelte er Telefonkurzpredigten und den „Mobilen Gottesdienst“: Kranken und alten Menschen brachte er eine Videoaufnahme des Gottesdienstes oder auch christliche Filme ins Haus. Durch diese Arbeit wurde der ERF auf ihn aufmerksam. Seit 1983 machte Steinraths teilzeitlich als Reisesekretär die Radioarbeit bekannt; 1987 zog er nach Wetzlar und moderierte dort beispielsweise „aufgeweckt“, eine Sendung, die Hörer täglich von sechs bis neun Uhr durch den Morgen begleitet. Er war ein Öffentlichkeitsarbeiter Gottes. Auch idea-Lesern ist Friedhelm Steinraths oft begegnet: Er entwickelte das idea-Kreuzworträtsel, das mehr als 80-mal erschien.

Ermüdende Blutwäsche

1994 brach die Krankheit erneut aus. Ein Drittel der Lunge musste entfernt werden, auch die Bronchien und eine Niere waren angegriffen. In den vergangenen sechs Jahren musste Steinraths dreimal die Woche die ermüdende Prozedur einer vierstündigen Blutwäsche hinter sich bringen. Im Jahr 2003 diagnostizierten Ärzte Krebs

im Unterleib. Mehrere Operationen folgten. Schon kurz nach den Eingriffen ging Steinraths wieder auf Sendung. Von seiner Krankheit sprach er nur, wenn er darauf angesprochen wurde. Er war bereit zu sterben, aber er wollte sein Leben nicht von der Krankheit bestimmen lassen. Erholung gönnte er sich selten. Seiner Gemeinde stand er als Ältester vor; noch wenige Wochen vor seinem Tod traute er dort ein Paar. „Solange ich meinem Herrn dienen kann, diene ich ihm."
In den letzten Tagen vor seinem Tod hatte er fast ständig Besuch, seine vier Kinder, Nachbarn, Kollegen und Mitglieder seiner Gemeinde nahmen von ihm Abschied. Für seine Frau Hannelore und ihn galt das Prinzip der offenen Tür; wer sie besuchte, konnte damit rechnen, dass bereits ein anderer Gast im Wohnzimmer Platz genommen hatte. „Ich bin nicht tapfer, das auf keinen Fall", sagte er in einem letzten Gespräch mit dem ERF. „Aber es ist Gottes Geist, der mich tröstet und ruhig sterben lässt." Am Sonntag, dem 12. September, ist Friedhelm Steinraths im Alter von 58 Jahren gestorben.

IDEASPEKTRUM 40/2003 VOM 1. OKTOBER

Karsten Huhn

„MANCHMAL MEINE ICH, ES GEHT BESSER ALS VORHER"

Wie idea-Sekretärin Ursula Schoberth nach einer Krebsoperation mit einer künstlichen Nase lebt

Wenn es in der protestantischen Welt etwas Neues gibt, weiß sie es mit als Erste. Seit 1980 arbeitet Ursula Schoberth bei idea und ist damit die dienstälteste Sekretärin im Haus. Ihre wichtigste Aufgabe ist es, alle Texte, die in idea erscheinen, auf Rechtschreibung und Grammatik zu prüfen. Hunderte von Heften hat sie mitproduziert, Tausende von Nachrichten gelesen. Doch 1999 wird ihr alles zu viel. Nachts schläft sie nur noch wenige Stunden. Gegen die Depressionen und nächtlichen Angstattacken nimmt sie Schlaftabletten und Stimmungsaufheller, aber ihre Ängste bleiben. „Ich hatte das Gefühl, ich könnte jeden Moment tot umfallen." Trotzdem arbeitet sie weiter, will sich ihre Krankheit nicht eingestehen. „In unserer evangelisch-freikirchlichen Gemeinde gab es auch Leute, die mal in der Psychiatrie waren, aber ich habe sie nie besucht. Psychisch krank zu sein – das war ein Tabu für mich. Ich dachte, wenn ich mit Gott lebe, kann mir so etwas nicht passieren."

Einige Wochen später kann Ursula Schoberth nicht mehr. Sie kommt in die Klinik „Hohe Mark“ in Oberursel bei Frankfurt am Main, malt, bastelt, macht Gymnastik und geht zu Gesprächen mit Therapeuten. Nach vier Monaten wird sie entlassen. Es geht ihr besser, aber sie nimmt weiter Medikamente. Erst arbeitet sie vier Stunden täglich, später sechs, dann acht Stunden. Dass ihre Nase sich in derselben Zeit mal bläulich, mal rötlich verfärbt, ignoriert sie. Selbst als die Nase dicker wird, so dass die Brille nicht mehr richtig passt, macht sie sich keine Sorgen.

Zwei Jahre später geht sie zur Hals-Nasen-Ohren-Ärztin und will sich ihre Stimmbänder untersuchen lassen. Doch die Ärztin interessiert sich nur für die Nase. Für Ursula Schoberth beginnt die Zeit der Untersuchungen. Die Ärzte entnehmen Gewebe aus Schoberths Nase. „Zahnziehen ist bestimmt schlimmer“, denkt sie noch, dann wird an ihrem Gesicht gezerrt und geschabt. Erst wird eine Entzündung diagnostiziert, dann ein gutartiger Tumor.

„Mein Kollege hat sich geirrt, der Tumor ist leider bösartig“, sagt der zuständige Arzt einige Tage später. Die Nase müsse abgenommen werden. Ursula Schoberth versucht, sich ihr Gesicht ohne Nase vorzustellen. Dann weint sie.

Eine gute Erfahrung

Am Sonntag vor der Operation wird sie während des Gottesdienstes nach vorne gerufen. Die Ältesten legen ihr die Hände auf, die Baptistengemeinde betet für sie. „Ich glaube, dass meine Krankheit für die Gemeinde eine genauso gute Erfahrung war wie für mich. Jetzt beten wir alle viel mehr.“

In einer Spezialklinik in Münster wird Ursula Schoberth operiert. Ihre Nase wird amputiert, dann wird ein Titangitter zwischen ihren Wangen befestigt. Bis die Wunde geheilt ist, bekommt Schoberth eine provisorische Klebenase. Später erhält sie eine Nasenprothese aus Silikon.

Abends, vor dem Schlafengehen, nimmt sie ihre Nase ab. Die Nasenhöhle muss täglich gereinigt und geölt werden. „Am Anfang kostete es mich Überwindung. Inzwischen staune ich über die Kraft, die Gott mir während der letzten Monate geschenkt hat. Ohne ihn hätte ich es nicht geschafft." Dass Ursula Schoberth eine künstliche Nase trägt, ist nur auf den zweiten Blick erkennbar. Auch der Geruchssinn blieb ihr erhalten. „Manchmal habe ich sogar das Gefühl, ich rieche besser als vorher. Ich bin Gott dankbar, dass ich auch ohne eigene Nase so gut leben kann."

Immer wieder wird im Leid die Frage nach Gott gestellt

Auch Christen ringen in der Auseinandersetzung mit Krankheit und drohendem Tod um eine Antwort auf diese Frage. Leid und Tod zu akzeptieren, fällt auch ihnen nicht leicht. Auch sie müssen dabei um Fassung und Bewältigung ringen, oft verbunden mit bedrängenden Zweifeln und tiefer Verzweiflung, ja, u. U. sogar mit Hader gegenüber Gott.

Die Erfahrung, dass Gott (auch) Christen – also seinen Kindern – Leid zumutet, kann den Glauben in eine tiefe Krise führen. Allzu gerne wünschten wir uns schon jetzt die Befreiung von allem Leid, Schmerz und Tod. Und die Bibel ermutigt uns ja auch an vielen Stellen, uns in Not und Krankheit mit der Bitte um Hilfe an Gott zu wenden. Schließlich hat auch Jesus die Kranken nicht abgewiesen, sondern als Sohn Gottes durch Heilung seine Macht an ihnen und sogar an Verstorbenen durch Totenauferweckung erwiesen. Aber trotz dieser Hoffnungszeichen auf die verheißene endgültige und vollständige Durchsetzung göttlicher Macht mit der Beseitigung aller Krankheit und des Todes bleibt doch der Blick klar für die Tatsache, dass die Erlösung unseres Leibes als eschatologisches Geschehen noch bevorsteht. Dazu muss – ausgelöst durch die Wiederkunft Christi – ein neues Zeitalter eingeleitet werden. Hier und jetzt bleibt unsere Welt noch geprägt von der überwältigenden Todesmacht, der sich niemand entziehen kann. Nur der Glaube an den Erlöser Jesus Christus gibt uns Hoffnung und Anrecht auf die Teilhabe an der endgültigen Überwindung des Todes und des Leides.

So können zwar Christen auch schon jetzt wunderbar

die Hilfe ihres himmlischen Vaters in Krankheit und Not erfahren, aber in vielen Fällen wird sie wohl eher als ein liebevolles Getragenwerden durch Krankheit und Tod hindurch hinein in die Ewigkeit geschehen. Oft strahlt die Kraft des Glaubens im durchlittenen und ertragenen Leid viel heller als bei Bewahrung und wunderbarer Rettung davor. Sowohl der eine als auch der andere Weg kann uns geschenkt werden. Es hängt ab von Gottes Güte und Barmherzigkeit und Souveränität. In jedem Fall aber gilt: Gottes Wege anzunehmen, kann und wird dem Gläubigen zum Segen werden, u. U. gerade dann, wenn sie mit tiefstem Schmerz und Leid verbunden sind. „In der Tiefe ist uns Gott ganz nah", dichtet ein Liedschreiber und bringt damit zum Ausdruck, dass Gott uns im Leid nicht fern ist, sondern – im Gegenteil – uns ganz besonders nahe sein will.
Wenn wir die zahlreichen Zusprüche und Verheißungen Gottes in der Bibel ernst nehmen, dann hat das Brief und Siegel und bietet eine zuverlässige Basis, um mit Gott über die persönliche Situation ins Gespräch einzutreten. Die Trostworte Gottes in der Bibel sind ein kostbarer Schatz im Leid und angesichts des Todes. Sie sind für uns auch der Ausgangspunkt für unser Fragen nach dem „Warum" und dem „Wozu" und können uns helfen, über allem Fragen zur Ruhe zu kommen.
In dieser Dokumentation haben deshalb auch die Trostworte der Bibel und Zitate ihren Platz. Die beiden Artikel „Wie kann Gott das zulassen?" greifen auf dem Hintergrund der Tsunami-Katastrophe Ende 2004 die Frage nach dem Warum des Leids auf und geben aus verschiedener Perspektive Denkanstöße zu unserer menschlichen Grundbefindlichkeit. Diese Katastrophe steht quasi stellvertretend für solche Ereignisse, die zu tiefen Einschnitten in unserem Leben führen bis hin zum Verlust von Angehörigen und lieben Freunden.

ideaSpektrum 1/2005 vom 6. Januar

Karsten Huhn

Wie kann Gott das zulassen? (1)

Nach dem Seebeben beschäftigt Christen wie Nichtchristen die Frage nach Gottes Gerechtigkeit.
Wie schon nach den Attentaten vom 11. September 2001 stellen sich viele Menschen nach dem Seebeben in Südostasien die Frage: „Wie kann Gott so etwas zulassen?" Sind die verheerenden Ereignisse mit Gottes Gerechtigkeit vereinbar? Lässt sich Leid erklären – oder müssen Christen angesichts der Katastrophe schweigen? In zahlreichen Silvester- und Neujahrsgottesdiensten versuchten Pfarrer, eine Antwort darauf zu finden.
„Wie kann Gott das zulassen?" – das ist eine Frage, die in der Geschichte der Menschheit immer wiederkehrt. Sie wird nach dem Seebeben in Südostasien wieder genauso gestellt wie nach den Attentaten am 11. September 2001. Sie beschäftigte Millionen von Soldaten während des Zweiten Weltkriegs und wurde auch schon gestellt, als im Jahr 1755 in Lissabon etwa 200.000 Menschen bei einem Erdbeben ums Leben kamen. Für den Dichter Johann Wolfgang von Goethe war danach sein „Kinderglaube" in Frage gestellt: „Gott, der Schöpfer und Erhalter Himmels und der Erden ... hatte sich, indem er die Gerechten mit den Ungerechten gleichem Verderben preisgab, keineswegs väterlich bewiesen", schrieb er in seinen Lebenserinnerungen „Dichtung und Wahrheit".

Ungelöste Frage

Ähnliche Reaktionen gibt es auch heute. Die Schreckens-

meldungen der vergangenen Tage könnten „die Menschen am Glauben verzweifeln lassen“, sagte der bayerische evangelische Landesbischof, Johannes Friedrich. Und der Kirchenpräsident der Evangelischen Kirche in Hessen und Nassau, Peter Steinacker, sagte, der Tod von mehr als 100.000 Menschen bringe die quälende Frage mit sich, „ob Gegenwart und Zukunft nicht einfach blindes Schicksal seien, das einem irgenwie zustoße, gleichgültig, was man denke, tue oder auch lasse.“
Die Frage, wie sich die Existenz des Bösen in der Welt mit Gottes Gerechtigkeit, Allmacht und Güte vereinbaren lässt, die so genannte „Theodizee-Frage“, ist eine der zentralen Fragen der Theologie. Gelehrte in aller Welt versuchen seit Jahrhunderten, Erklärungen für Kriege, Erdbeben und Hungersnöte zu finden. Das 1697 vom deutschen Philosophen Gottfried Wilhelm Leibniz geprägte Wort setzt sich aus den griechischen Wörtern „théos“ (Gott) und „diké“ (Gerechtigkeit) zusammen. Wo ist Gottes Gerechtigkeit angesichts der Übel in der Welt? Immanuel Kant (1724-1804), der Philosoph der Aufklärung, bekannte, dass alle Versuche, die Theodizee-Frage zu lösen, an den Grenzen der Vernunft scheitern müssten, und auch der Schweizer reformierte Theologe Karl Barth (1886-1968) sah keine Möglichkeit, für die Theodizee-Frage eine Lösung zu finden.

Einfach schweigen?

Auch heute empfehlen Theologen, angesichts des Leidens zu schweigen, da es sich nicht verstehen lasse. „Ehrliche Theologie gesteht ein, dass es auf die Frage nach dem Sinn des Leidens keine Antwort gibt“, meint der Präses der Evangelischen Kirche von Westfalen, Alfred Buß. „Wer sie trotzdem versucht, setzt nur Irrlichter auf.“ Ähnlich äußerte sich der Vorsitzende der (katholischen) Deutschen Bischofskonferenz, Karl Lehmann. „Wenn bei der

Katastrophe von biblischer Dimension

Lebt denn d'r Gott noch?

Und der Himmel meint es auch nicht gut

Der Osten Sri Lankas besteht aus Matsch. Es regnet seit Tagen. Vor allem die Kirchen helfen den vielen Obdachlosen

SCHLAGZEILEN: „Stern" (oben), darunter zwei aus der „tageszeitung" (taz)

Antwort auf die Frage, warum Gott solches Leid zulasse, fast die Worte ausbleiben, so können wir dennoch etwas tun: helfen."

Verborgene Seite Gottes

„Warum das Beben passiert ist, übersteigt unsere Erkenntnismöglichkeiten", sagt der evangelikale Theologe Karsten Lehmkühler, Professor für Ethik an der Universität Straßburg. „Es gehört zu den verborgenen Seiten Gottes, die wir nicht erklären können." Mit Sicherheit könne man nur sagen, dass das Beben zu den Ereignissen einer gefallenen Schöpfung gehöre und nicht gegen den Willen Gottes passiert sei. Mutmaßungen, warum das Beben am zweiten Weihnachtstag stattfand, wie genau ein Jahr zuvor beim Erdbeben in Bam (Iran), führten dagegen ins Leere. „In jedem Fall gilt für Christen Römer 8,28: ‚Wir wissen aber, dass denen, die Gott lieben, alle Dinge zum besten dienen.' Ich gebe zu, dass ich das einer Mutter, die gerade ihre gesamte Familie verloren hat, nur unter Zittern zurufen kann. Um Gottes Zusagen zu wissen, ist das eine, sie selbst im Leid in Anspruch zu nehmen, das andere."

Haltung der Demut

„Nicht die Allmacht Gottes, sondern die Allmachtsvorstellungen des modernen Menschen werden durch solche Ereignisse in ihre Schranken gewiesen", sagt der Ratsvorsitzende der EKD, Bischof Wolfgang Huber. „Gottes Allmacht kann man sich nicht so vorstellen, dass Gott alles Böse und Unbegreifliche im Vorhinein aus dem Lauf der Dinge herausschneidet. Gottes Allmacht zeigt sich in der Liebe, mit der er sich uns Menschen zuwendet, damit wir uns auch angesichts des Unbegreiflichen an ihr orientieren." Trotz der Möglichkeiten des Menschen, sich die Natur dienstbar zu machen, drängen solche Ereignisse zu einer Haltung der Demut.

Das Seebeben vor Sumatra erinnert Huber an die größte Katastrophe in der Geschichte der Menschheit: die Sintflut zu Zeiten Noahs. „Wir spüren, dass die ‚Sintflut' nicht eine überholte Sage ist, sondern auf wirklicher Erfahrung beruht, auf einem schrecklichen Geschehen, in dem die Natur ihre unbändige Gewalt in einem unvorstellbaren Ausmaß zeigt", meint der Berliner Bischof.

Was Gott betrübt

Für Helge Stadelmann, Rektor der Freien Theologischen Akademie Gießen, ist das Seebeben ein Hinweis darauf, dass diese Welt endlich ist. „Wir leben in einer sterblichen Welt, wir sind ständig vom Tod umgeben, es ist uns nur nicht so bewusst. Ob durch eine Katastrophe oder nach einem langen erfüllten Leben – am Ende steht immer der

Tod. Das ist eine Konsequenz Gottes in einer sündigen Welt." Für Stadelmann sind die jüngsten Ereignisse daher ein „Ruf zur Umkehr für uns alle": „Solche Ereignisse sollten uns wachrütteln, damit wir uns die Frage stellen: Was stellen wir alles an, das Gott betrübt?"

Hiobs Lösung

Die Frage, warum Gott Leid zulässt, hat schon Hiob beschäftigt. Nachdem ihm seine Familie und sein Besitz genommen waren, er von den Fußsohlen bis zu den Haaren mit juckenden, entzündeten Geschwüren bedeckt war und seine Freunde ihm zudem Vorwürfe machten, blieb ihm nur eine Antwort, eine Hoffnung: „Ich weiß, dass mein Erlöser lebt, und als der Letzte wird er über dem Staub sich erheben. Und ist meine Haut noch so zerschlagen und mein Fleisch dahingeschwunden, so werde ich doch Gott sehen" (Hiob 19,25-26).

Was Jesus sagt

Waren die Ereignisse in Südostasien ein Strafgericht Gottes, das deutsche Sextouristen, buddhistische Selbsterlöser und mordende Rebellen traf, wie manche Christen vermuten? Fromme Selbstgerechtigkeit ist hier fehl am Platz. Denn das Seebeben kannte keine Religion. Unter den Opfern waren Christen ebenso wie Moslems, Hindus, Buddhisten und Atheisten.

Hilfreich ist deshalb, was Jesus zu einer Katastrophe sagte, die sich zu seiner Zeit ereignete. In Lukas 13,5 verweist er in einem Gespräch auf ein Unglück, bei dem 18 Menschen ums Leben kamen: „Meint ihr, dass die achtzehn, auf die der Turm in Siloah fiel und sie erschlug, schuldiger gewesen sind als alle andern Menschen, die in Jerusalem wohnen?" Natürlich nicht, denn vor Gott sind alle Menschen schuldig geworden. Wichtig ist es, die Antwort zu kennen, die Jesus gibt: „Ich sage euch: Nein; sondern wenn ihr nicht Buße tut, werdet ihr alle auch so umkommen." Nicht weiterleben wie bisher, sondern seinen Sinn ändern und umkehren zu Gott, ist also die richtige Reaktion für alle Überlebenden (und derer, die die Ereignisse am Fernsehbildschirm mitverfolgen) auf Katastrophen wie die in Südostasien.

„Himmel und Erde vergehen ..."

Jesus spricht in seiner so genannten Endzeitpredigt in Matthäus 24 von Kriegen, Erdbeben, Hungersnöten und der Verfolgung der Christen als Zeichen der Endzeit. Kein Jahrhundert zählte so viele Kriege und so viele Tote wie das zurückliegende 20. Jahrhundert und keine so intensive Christenverfolgung. Gehören die jüngsten Ereignisse in Südostasien zu diesen Zeichen? Nur wenige Pfarrer fanden darauf eine so deutliche Antwort wie der Görlitzer Superintendent Jan von Campenhausen. „Das Seebeben in Südostasien hat uns deutlich vor Augen geführt, wie vergänglich Himmel und Erde sind ... In den Beben der Erde erkennt die Schrift immer wieder das Kommen Jesu Christi." Auch wenn keiner den Zeitpunkt der Wiederkehr Jesu vorhersagen könne, sei das Beben vor Sumatra ein Hinweis auf das Kommen des Herrn. Deshalb sei es notwendig, auf etwas zu setzen, was Bestand habe. Der Superintendent im schlesischen Görlitz verweist deshalb auf die Jahreslosung des zurückliegenden Jahres aus Markus 13,31: „Jesus Christus spricht: Himmel und Erde vergehen, meine Worte aber werden nicht vergehen."

IDEASPEKTRUM 22/1998 VOM 18. MÄRZ

Kurt Scherer

WIE KANN GOTT DAS ZULASSEN? (2)

Die Antwort eines Seelsorgers, der selbst viel Leid erlebt hat

In 20 Jahren verantwortlichem Dienst in der Brief- und Telefonseelsorge des Evangeliums-Rundfunks (ERF) wurde mir diese Frage oft gestellt. Aber ich kenne sie auch aus eigener Betroffenheit. Mit 34 Jahren bekam ich einen Herzinfarkt. Dann ereilte mich 1994 ein Hirninfarkt und 1997 musste ich mich einer schweren Herzoperation unterziehen – und das alles im „Dienst für Jesus“!

Um es gleich vorweg zu sagen: Ich habe keine endgültigen, für alle zutreffenden Antworten. Das Leben der Fragesteller ist zu unterschiedlich, um eindeutig zu antworten. Daher einige grundsätzliche seelsorgerliche Anmerkungen:

- Ich meldete mich mit meinen Fragen nach „Warum und Wozu“ (Rück- und Vorschau) bei dem, von dem ich, wenn überhaupt von jemandem, eine Weg weisende Antwort erhalten konnte: bei Gott. Gott blieb in all meinem Hoffen und Bangen „Mein Gott!“
- Ich übte das Gott vertrauende und nicht das Gott misstrauende „Aber!“. „Mein Gott“, es spricht alles gegen dich, „aber“ ich vertraue dir trotzdem!
- Ich habe gelernt, neue Prioritäten in meinem Leben zu setzen: Gestern ist vorbei, Morgen noch nicht da. Heute, das ist mein Leben. Ich will es dankbar leben!
- Leid und Leiden haben ihren Eigenwert. Die Erfahrungen, die wir darin sammeln, können wir sonst nirgends machen.

- Gottes Güte, der Menschen Freundlichkeit und immer wiederkehrendes Üben von Gott vertrauendem Denken gegen den Augenschein (Hebräer 11,1), ebenso wie die notwendigen Reha-Maßnahmen, ließen mich in den Talsohlen meines Lebens immer wieder erfahren: „Du bist bei mir!“ (Psalm 23).
- Mein Leben ist in diesen Jahren anders geworden. Keinesfalls ärmer, aber profilierter! Ich habe im Aufbegehren gegen diese Wegführungen viel Kraft verloren. Heute setze ich diese Kraft zum konstruktiven Gestalten meines Lebens ein.

Tröstende Bibelworte für Leidtragende und Trauernde

Gott verspricht Trost

Jubelt, ihr Himmel, und jauchze, du Erde! Und ihr Berge, brecht in Jubel aus! Denn der HERR hat sein Volk getröstet, und über seine Elenden erbarmt er sich. (Jesaja 49,13)

Ich, ich bin es, der euch tröstet. (Jesaja 51,12-13)

Wie erfährt man Gottes Trost?
– durch Gebet –

Nahe ist der HERR allen, die ihn anrufen, allen, die ihn in Wahrheit anrufen. Er erfüllt das Verlangen derer, die ihn fürchten. Ihr Schreien hört er, und er hilft ihnen. (Psalm 145,18-19)

– durch Gottes Wort –

Dies ist mein Trost in meinem Elend, dass deine Zusage mich belebt hat. (Psalm 119,50)

– durch Erinnerung
an bereits erlebte Hilfe durch Gott –

Ich gedachte, HERR, deiner Bestimmungen von alters her, und ich tröstete mich. (Psalm 119,52)

– durch Geduld und Vertrauen –

Was bist du so aufgelöst, meine Seele, und stöhnst in mir? Harre auf Gott! – denn ich werde ihn noch preisen für das Heil seines Angesichts.
Des Tages wird der HERR seine Gnade aufbieten, und des Nachts wird sein Lied bei mir sein, ein Gebet zu dem Gott meines Lebens. (Psalm 42,5-6.9)

– der Herr kennt dein Leid genau –

Wie sich ein Vater über Kinder erbarmt, so erbarmt sich der HERR über die, die ihn fürchten. Denn er kennt unser Gebilde, gedenkt, dass wir Staub sind.
(Psalm 103,13-14)

HERR, du hast mich erforscht und erkannt. Du kennst mein Sitzen und mein Aufstehen, du verstehst mein Trachten von fern. Mein Wandeln und mein Liegen – du prüfst es. Mit allen meinen Wegen bist du vertraut.
(Psalm 139,1-3)

– der Herr wird dich immer halten –

Wirf auf den HERRN deine Last, und er wird dich erhalten; er wird nimmermehr zulassen, dass der Gerechte wankt. (Psalm 55,23)

– Du fällst nicht tiefer als in Gottes Hand –

Fürchte dich nicht, denn ich bin mit dir! Habe keine Angst, denn ich bin dein Gott! Ich stärke dich, ja, ich helfe dir, ja, ich halte dich mit der Rechten meiner Gerechtigkeit. (Jesaja 41,10)

– Gott ist Licht in dunkelster Stunde –

Ja, du lässt meine Leuchte strahlen. Der HERR, mein Gott, erhellt meine Finsternis. (Psalm 18,29)

Den Aufrichtigen strahlt Licht auf in der Finsternis. Er (der HERR) ist gnädig und barmherzig und gerecht. (Psalm 112,4)

– Wir sollen als Christen einander trösten –

Gepriesen sei der Gott und Vater unseres Herrn Jesus Christus, der Vater der Erbarmungen und Gott allen Trostes, der uns tröstet in all unserer Bedrängnis, damit wir die trösten können, die in allerlei Bedrängnis sind, durch den Trost, mit dem wir selbst von Gott getröstet werden. (2. Korinther 1,3-4)

Freut euch mit den sich Freuenden, weint mit den Weinenden! (Römer 12,15)

Trost für Kranke und Sterbende

– Gott kennt unsere Not und schenkt Trost –

Wir wissen aber, dass denen, die Gott lieben, alle Dinge zum Guten mitwirken, denen, die nach <seinem> Vorsatz berufen sind. ... Was sollen wir nun hierzu sagen? Wenn Gott für uns ist, wer gegen uns? ... Denn ich bin überzeugt, dass weder Tod noch Leben, weder Engel noch Gewalten, weder Gegenwärtiges noch Zukünftiges, noch Mächte, weder Höhe noch Tiefe, noch irgendein anderes Geschöpf uns wird scheiden können von der Liebe Gottes, die in Christus Jesus ist, unserem Herrn."
(Römer 8,18-39)

– Gläubige brauchen keine Angst vor dem Tod zu haben –

Auch wenn ich wandere im Tal des Todesschattens, fürchte ich kein Unheil, denn du bist bei mir; dein Stecken und dein Stab, sie trösten mich. (Psalm 23,4)

Euer Herz werde nicht bestürzt. Ihr glaubt an Gott, glaubt auch an mich! Im Hause meines Vaters sind viele Wohnungen. Wenn es nicht so wäre, würde ich euch gesagt haben: Ich gehe hin, euch eine Stätte zu bereiten? Und wenn ich hingehe und euch eine Stätte bereite, so komme ich wieder und werde euch zu mir nehmen, damit auch ihr seid, wo ich bin.
(Johannes 14,1-3)

– für Christen ist Sterben Gewinn –

Denn wir wissen, dass, wenn unser irdisches Zelthaus zerstört wird, wir einen Bau von Gott haben, ein nicht mit Händen gemachtes, ewiges Haus in den Himmeln.
(2. Korinther 5,1)

Ich habe Lust abzuscheiden und bei Christus zu sein, denn es ist weit besser. (Philipper 1,23)

– der Tod ist nicht das Letzte –

Und ich sah einen neuen Himmel und eine neue Erde; denn der erste Himmel und die erste Erde waren vergangen, und das Meer ist nicht mehr. Und ich sah die heilige Stadt, das neue Jerusalem, aus dem Himmel von Gott herabkommen, bereitet wie eine für ihren Mann geschmückte Braut. Und ich hörte eine laute Stimme vom Thron her sagen: Siehe, das Zelt Gottes bei den

Menschen! Und er wird bei ihnen wohnen, und sie werden sein Volk sein, und Gott selbst wird bei ihnen sein, ihr Gott. Und er wird jede Träne von ihren Augen abwischen, und der Tod wird nicht mehr sein, noch Trauer, noch Geschrei, noch Schmerz wird mehr sein: denn das Erste ist vergangen. (Offenbarung 21,1-4)

Zusammengestellt nach: Themenkonkordanz, Christliche Verlagsgesellschaft, Dillenburg 1997[4], S. 275-294.

Die eigene Begrenzung annehmen und dem unbegrenzten Gott vertrauen

Das tragische Schicksal des Menschen liegt wohl am deutlichsten in der Tatsache begründet, dass er zu Beginn seines Lebens seine Fähigkeiten und Möglichkeiten kennen und in wachsendem Maße nutzen lernt, im weiteren Verlauf seines Lebens jedoch – und rapide zunehmend im Alter – mehr und mehr die eigene Begrenztheit erkennt und erfährt bis hin zur völligen Ohnmacht dem Tod gegenüber. Und wenn dann hinter der Ohnmacht keine Macht steht, die ihn auffängt und hält, bleibt letzten Endes nur Verzweiflung.

Es hängt also viel davon ab, ob es eine solche Macht „hoch über" uns gibt und ob wir sie kennen und lernen, ihr zu vertrauen. Nur dann finden wir die nötige Ruhe und Gelassenheit, um uns auf unser Leben zu konzentrieren. Die tiefe Sorge, was aus uns wird, fällt nur dann von uns ab, wenn wir wissen, dass sich jemand um uns kümmert, der alles „im Griff hat". Dies bewahrt uns vor der Lähmung, die Aufgaben und Dinge unseres Lebens bis zuletzt mit ganzer Kraft anzugehen. Erwachsene Menschen müssen in Bezug auf Gott also lernen, was sie als Kinder unter normalen Voraussetzungen gegenüber ihren Eltern bereits empfunden haben: ein tiefes Vertrauen, dass ein Stärkerer „hinter ihnen steht", der sie auffängt und bei dem sie sich bergen können und der sie sicher durch alles hindurchbringt.

Die im Folgenden geschilderten Erlebnisse von Christen spiegeln solch ein Grundvertrauen wider und zeigen, wie es sich konkret im Leid, bei Trauer und angesichts des Todes äußern kann. Geradezu befreiend ist dabei das Beispiel des amerikanischen Ehepaares Guthrie, das bewusst nicht betete, dass Gott an seinen Kindern ein Heilungswunder tun solle. Angesichts einer im erweiterten christlichen Spektrum, aber auch zunehmend im esoterischen Umfeld z. T. fast unerträglichen und aggressiv propagierten Heilungseuphorie und entsprechenden Begleiterscheinungen bis hin zu Heilungskongressen, bei denen eine völlig falsche und überzogene Heilungstheologie verkündigt wird, ist es wohltuend zu erleben, wie hier ein Weg des Umgangs mit unbegreiflichem Leid gezeigt wird, das der Realerfahrung in einer immer noch von Sünde und Vergehen geprägten Welt Rechnung trägt und nicht die Tatsache ausblendet, dass „die Erlösung unseres Leibes“ (Römer 8,23) zukünftig und nicht Ziel und Inhalt des gegenwärtigen Zeitalters ist. Es geht ganz gewiss nicht darum, dass man Gott die Heilung nicht zutrauen kann, und es soll auch nicht bestritten werden, dass er gegenwärtig gnädig und barmherzig Wunder tun kann und tut, aber das obliegt allein seinem souveränen Willen und seinen Bedingungen. Es widerspricht ganz und gar dem Zeugnis der Bibel, dass man Gott durch bestimmte Handlungen und Prozeduren – noch dazu passend quasi auf Bestellung bei speziell dafür angesetzten Veranstaltungen – „zur Heilung zwingen kann“. Wir dürfen Gott um Heilung bitten, aber wir müssen auch im Blick haben, dass es Gott derzeit um etwas anderes geht, als um die unbedingte Überwindung von Krankheit und Tod. Es geht darum, dass Menschen durch die Verkündigung des Evangeliums zum rettenden Glauben an Jesus finden, und dazu sind Heilungen nicht notwendig. Im Gegenteil, das Neue Testament und in ihm der Herr Jesus selbst zeigen uns: Heilungen haben nicht Glauben zum Ziel, sondern setzen ihn voraus. Die Heilungen Jesu und die Heilungen der Apostel

haben die Wahrheit des Evangeliums ein für alle Mal unter Beweis gestellt. Seither ist es völlig ausreichend, das Evangelium zu verkündigen und die Taten Jesu und der Apostel zu bezeugen, damit geglaubt wird (vgl. auch Johannes 20,30-31: *„Auch viele andere Zeichen hat nun zwar Jesus vor den Jüngern getan, die nicht in diesem Buch* ***geschrieben*** *sind. Diese aber sind* ***geschrieben****, damit ihr glaubt, dass Jesus der Christus ist, der Sohn Gottes, und damit ihr durch den Glauben Leben habt in seinem Namen"* und Johannes 20,29: *„Glückselig sind, die nicht gesehen und doch geglaubt haben!")*. Es kommt also nicht darauf an, die Wunder Jesu zu wiederholen bzw. noch größere zu tun, sondern es kommt darauf an, den Herrn Jesus und seine Taten gemäß Apostelgeschichte 1,8 zu bezeugen. Alles andere führt leicht in eine falsche Richtung: nämlich – wie man leider deutlich erkennen kann – zur Verherrlichung von (angeblich) Wunder tuenden Menschen statt des Herrn und zur Verunehrung Jesu, indem oft leichthin für alles Mögliche (und Unmögliche) das Wirken des Heiligen Geistes unterstellt wird.
Der anschließende Beitrag von Barry St.Clair (ein Buchauszug) aus persönlichem Erleben heraus weist da schon eher in eine Richtung, in der man angesichts von Leid und Tod auf ganz andere und tiefere Weise die Nähe und Hilfe des Herrn erfahren kann, vorrangig jedoch, um innere Heilung und geistliche Erneuerung zu erfahren. Mit Josh McDowell und Bob Hostetler bieten wir abschließend einen fachwissenschaftlichen Beitrag an, der u. a. die Ergebnisse der Sterbeforschung berücksichtigt. Als Buchauszug aus ihrem bekannten „Handbuch Jugendseelsorge" ist der Beitrag zwar speziell im Blick auf Jugendliche verfasst, jedoch können die Aussagen ohne weiteres auch auf Betroffene in anderen Altersgruppen angewandt werden.

ideaSpektrum 47/2000 vom 22. November

Burghard Affeld

„Ade, Börni, geh zu unserem Herrn"

Ein Pastor nimmt Abschied von seinem tödlich verunglückten Sohn

Mittwoch, 5. April 2000. Das Telefon klingelt. Es meldet sich ein Arzt vom Osnabrücker Marienhospital. Ich kenne ihn. „Gut, dass ich Sie endlich am Apparat habe. Ihr Sohn Bernhard liegt bei uns. Es sieht sehr ernst aus. Eine Hirnverletzung durch einen extrem starken Schlag. Er ist mit dem Fahrrad verunglückt. Ein Auto hat ihn angefahren." Ganz spontan, fast routiniert, wie bei jedem x-beliebigen anderen Fall frage ich einzelne Daten ab. Ich erschrecke vor mir selbst, meiner Disziplin und meiner Ruhe. Dann gehe ich in die Küche. Meine Frau und unser Ältester belustigen sich gerade über irgendeine Albernheit des Alltags. „Ihr müsst jetzt stark sein", unterbreche ich sie. „Bernhard ist verunglückt. Es sieht sehr ernst aus. Wir müssen mit allem rechnen."

Die Polizei kommt. Der Unfallhergang ist noch unklar. Wahrscheinlich überhöhte Geschwindigkeit des Fahrers eines Kleintransporters. „Herr, bewahre mich vor Bitterkeit, Rachegefühlen und Hass gegen mögliche Schuldige!", versuche ich zu beten. „Werde ich vergeben können?" Während ein Polizist mir den Unfallhergang erläutert, denke ich an meine eigenen Worte bei Trauerfeiern: „Wir sterben nicht an einer Krankheit oder einem Unfall, sondern am Willen des uns liebenden Gottes." – „Jetzt bist du dran, Pastor!", denke ich. „Jetzt bewähre dich, Gott!", schreit es in mir zurück. „Hilf uns!" Bernhard ist mit dem Kopf gegen den oberen Rahmen der Windschutzscheibe geprallt und etwa 20 Meter durch die Luft geflogen. Dann schlug er hart aufs Pflaster auf. Noch heute schaudert es mich, wenn ich an der Unfallstelle vorbeikomme. Der Blutfleck hat sich lange auf dem Asphalt gehalten.

Warum kein zweites Wunder?

Wir fahren zum Marienhospital. Bernhard liegt auf der Intensivstation. Der Arzt kommt. Wir wollen keine unsinnigen lebensverlängernden Maßnahmen. Vor elf Jahren lag Bernhard hier schon auf Leben und Tod. Die Ärzte kämpften um sein Leben. Wir beteten. Gott hat ihn uns zurückgeschenkt. Warum muss er jetzt sterben? Gott kann doch auch jetzt ein Wunder tun! Und dann sehen wir unseren Börni. So ist sein Spitz- und Kosename. Er liegt dort friedlich, mit ein paar Schrammen an der Wange und an der Augenbraue. Er atmet. Er ist warm. Seine Haut ist rosig. Das Herz schlägt. Meine Frau zieht ein Augenlid hoch, und wir

NOCH ALLE ZUSAMMEN: „Börni" (ganz links) mit seinen Eltern und Geschwistern (es fehlt der älteste Sohn Michael).

erschrecken. Das Auge ist tot, das Gehirn stirbt, der übrige Körper lebt. Eine furchtbare Erfahrung. Der Körper ist wie ein Motor, in dem die Kolben von außen bewegt werden, weil die Zündung fehlt.
Bei einem langen Gespräch einige Tage später gestehen die Ärzte ihre Hilflosigkeit ein. Meine Frau fragt sie beherzt: „Ist es mit Bernhard wie mit einem Hahn, dem man den Kopf abgeschlagen hat und dessen Flügel und Beine noch zucken und zappeln?" – „Wenn Sie diesen brutalen Vergleich heranziehen: Es ist so." Nun wissen wir Bescheid. Es ist aus! Draußen ist schönes Wetter, erwachende Natur im Frühling, und hier drinnen verlöscht ein junges Leben.

Ich schrie mir meine bösen Ahnungen vom Herzen

Schon am Unglückstag habe ich mir meine bösen Ahnungen vom Herzen geschrien: „Ade, Börni, mein geliebter Sohn! Ade, Börni, du begabter Kameramann, du gewitzter Zeichner, du leidenschaftlicher Musiker, du sportlicher Mountainbiker! Hab Dank für deine Liebe und Ehrlichkeit, für deinen Einsatz in der Familie und in der Gemeinde. Ade Börni, du geliebtes Raubein, du kritischer Beobachter und vehementer Diskutant. Ade Börni, geh zu unserem Herrn in die Ewigkeit. Wir wollen weiter den Sieg Christi über den Tod verkünden und dich nicht vergessen." So weinte und wimmerte ich meine Not und Verzweiflung ins Diktiergerät und ins Herz Gottes. „Ade, Gott befohlen! Lebe wohl bei Gott!"
Bernhard ist offiziell noch nicht tot. Mit unseren Kindern entwerfen wir die Trauerkarten, die Anzeigen für die Zeitung und planen den Trauergottesdienst. Wie glücklich bin ich in meiner Not, dass unser Freund Ulrich Parzany die Trauerfeier hält. Bernhard hatte sich so sehr für die ProChrist-Evangelisation im März eingesetzt. Am letzten Abend überraschte er uns alle im Vorprogramm mit einem Solo in dem vom Jugendchor gesungenen Spiritual „O

happy day!“. Es ist für uns wie ein Vermächtnis. O herrlicher Tag des Erbarmens Gottes in dieser erbarmungslosen Welt! Der Tod wird dann endgültig fast eine Woche nach dem Unfall medizinisch festgestellt. So nehmen wir Abschied auf der Intensivstation, wir Eltern mit unseren vier Kindern, Börnis Freundin Julia und Ulrich Parzany.

Trauer und Gewissheit

Da stehen wir wie weiße Pinguine etwas unbeholfen um das Bett des eigentlich schon Toten. Die Maschinen laufen. In die Stille hinein hören wir den Psalm 77. Die Worte schneiden mir durchs Herz und heilen mich zugleich. Dann ein Gebet. Schweigen. Einzeln treten wir ans Bett, streicheln und küssen unseren Börni. Jeder nimmt Abschied auf seine Weise. Weinend liegen wir uns in den Armen. Dann wird es wieder still. Christoph, mit dem Bernhard eine Band gegründet und viel Musik gemacht hat, fängt leise an zu singen. Wir stimmen vorsichtig mit ein: „Bis ans Ende der Welt, bis ans Ende der Zeit, deine Liebe hält bis in Ewigkeit ...“ Die tiefe, finstere Trauer wird durchleuchtet von der strahlenden Gewissheit: „Deine Liebe ist stärker als der Tod. Wenn du für uns bist, wer kann gegen uns sein, denn auf

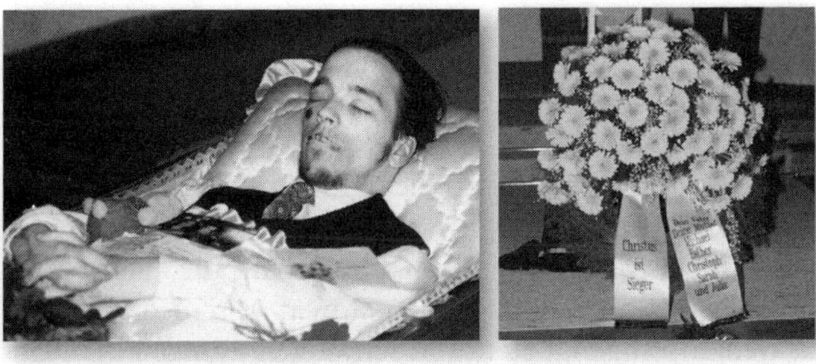

ABSCHIED AM OFFENEN SARG: Viele Freunde verabschiedeten sich mit Briefen, Bildern, Blumen oder Plüschtieren von ihrem Kameraden.

ZUM ZEUGNIS DER EWIGKEITSHOFFNUNG wurde die Beerdigung mit mehr als 800 Trauergästen.

ewig bist du unser Gott!“ Nicht die alten Choräle, sondern Bernhards Lieblingslieder singen wir. Sie haben den Härtetest an der Todesgrenze bestanden. Sie trösten, richten auf und verleihen unseren Gefühlen Worte und Töne.
Das Leben geht zu Ende wie ein Tag. Das Licht taucht in die Nacht. Aber Christen wissen: Es kommt ein neuer Morgen. Das spüren wir in diesem Sterbezimmer. Ein Stück Ewigkeit bricht in unsere Herzen. Dankbarkeit und Freude keimen auf in Trauer und Verzweiflung. Der ewige Vater hat uns nicht vergessen. Dann holen wir das draußen wartende Pflegepersonal und die Ärzte ins Zimmer. Nun spreche ich den Segen. Damit endet der Abschied. Sieben Tage lang haben wir gebangt, gelitten und gehofft, obwohl medizinisch gesehen schon lange keine Hoffnung mehr bestand.

Wir feiern den Sieg

Beim Gesundheitsamt habe ich eine Sondergenehmigung zur offenen Aufbahrung in der Kirche bis zur Trauerfeier bekommen. Im Altarraum bleibt der Sarg nie allein. Auch in der Nacht nicht. Unzählige nehmen Abschied von Börni, weinen, singen, beten und schweigen. Einige bitten um Vergebung für das, was sie Bernhard angetan haben. Andere schreiben ihren Dank und ihren Schmerz auf Zettel oder in Briefe. Die Totendecke ist übersät mit Blättern, Briefen,

Bildern, Blumen und anderen Zeichen der Liebe. Aus Bibel und Gesangbuch lese ich die alten Texte der Zuversicht und des Trostes. Wir wehren uns gegen die kalte Herrschaft des Todes. So feiern wir den Sieg Christi über den Tod am offenen Sarg unseres Sohnes. Gitarrenstücke, Orgelmusik und Gesang begleiten uns. Es ist eine sonderbare Mischung aus Trauer und Freude, Verzweiflung und Trost. Ein junger Mann entschließt sich, sein Leben Jesus Christus anzuvertrauen. Andere gehen glaubensgestärkt, mindestens nachdenklich aus der Kirche. Noch heute reden sie davon.

Karfreitag und Ostern in einem Gottesdienst

Freitag, der 14. April 2000, 12 Uhr. Die Kirche füllt sich mit knapp 800 Trauergästen. Der Gottesdienst ist Karfreitags- und Ostergottesdienst zugleich. „Bernhard ist am Ziel, und wir sind in Not", sagt Ulrich Parzany in der Predigt treffend. Klage und Jubel wechseln sich ab. So ist das Leben eines Christen, so war das Leben von Börni. Ade Börni! Ewigkeit heißt, Zeitliches, Vergängliches loszulassen. „Wir lassen dich los und legen dich in Gottes Hand. Ade, Börni!"
Ein langer Trauerzug zieht zum Friedhof an neugierigen und staunenden Menschen vorbei. Wie angewurzelt stehen ehrfürchtig türkische Frauen und Männer auf den Bürgersteigen und beobachten die Menschen im Trauerzug. Das haben sie hier noch nie erlebt. Meine Frau und ich singen zu Posaunenklängen hinter dem Sarg unseres Sohnes zweistimmig: „Näher mein Gott zu dir, näher zu dir." Das wollen wir. Das müssen wir. Nur in Gottes Nähe halten wir all das Schwere aus. Und Börni ist schon da, Gott ganz nah. Jetzt schon. Deshalb bleiben wir froh, auch wenn wir sagen müssen: „Ade, Börni!"

Der Autor, Pastor Burghard Affeld (Osnabrück), ist Vorsitzender des niedersächsischen Arbeitskreises der Bekenntnisbewegung „Kein anderes Evangelium". Von 1995 bis 1998 war er Leiter der Konferenz Bekennender Gemeinschaften in den evangelischen Kirchen Deutschlands.

ideaSpektrum 20/2003 vom 14. Mai

Wenn Gott kein Wunder tut

Ein Ehepaar fand eine ungewöhnliche geistliche Antwort auf Leid und frühen Tod seiner Kinder

Wie kann man Krankheit und Leiden ertragen, ohne dass der Glauben zerbricht? Das US-amerikanische Ehepaar Guthrie bekam zwei Kinder mit einer seltenen Stoffwechselkrankheit, die nach kurzer Zeit starben. Es hat auf dieses Leid eine ungewöhnliche geistliche Antwort gefunden: Die Guthries beteten bewusst nicht, dass Gott an ihren Kindern ein Heilungswunder tun solle.

Warum? Warum gerade ich? Gibt es Fragen, die Sie noch hartnäckiger verfolgen als diese? Sehnen Sie sich nicht aus tiefster Seele danach, den größeren Zusammenhang zu sehen, einen Sinn für Ihren Schmerz zu erkennen? Meinem Mann und mir geht es so.

Die Ärzte waren von Anfang an beunruhigt wegen mehrerer Probleme, die sich nach der Geburt unseres zweiten Kindes zeigten. Es war ein Mädchen, und wir hatten es Hope (Hoffnung) genannt. Den Namen hatten wir schon vor Jahren ausgesucht, falls wir eine Tochter bekommen sollten. Hope hatte Klumpfüße, war lethargisch und reagierte kaum auf Reize; sie hatte ein flaches Kinn, eine große weiche Stelle am Kopf und eine winzige Einkerbung an einem Ohrläppchen; außerdem trank sie nicht und ihre Hände waren leicht nach außen gedreht. An Hopes zweitem Lebenstag kam der Genetiker, der sie untersucht hatte, zu uns ins Zimmer. Er sagte uns, er fürchte, dass

Hope an einer Stoffwechselkrankheit leide, dem Zellweger-Syndrom. Ihren Zellen fehle der Bestandteil, der die Giftstoffe aus den Zellen entfernt, und deshalb würden ihre Körperfunktionen nach und nach aufhören.

Angst vor einem Wunder

Und dann folgte das Schrecklichste: Die meisten Kinder mit dieser Krankheit, so sagte er, lebten nicht einmal ein Jahr. Es gab keine Behandlungsmöglichkeit, keine Überlebenschance. Ich fühlte mich, als ob alle Luft aus mir herausgesaugt worden wäre. In den Tagen nach der Diagnose lernten mein Mann und ich, Hope mit einem Schlauch zu füttern, und warteten auf den Anfang der gefürchteten Anfälle. Als Hope etwa einen Monat alt war, rief die Gemeindesekretärin an und sagte mir, wir stünden auf der Gebetsliste, die den Gemeindemitgliedern zugeschickt wird. Darin wurde die Gemeinde aufgefordert zu beten, dass Gott ein Wunder tue und Hope heilte. Ich sagte ihr: „Darum zu bitten, fühlen wir uns nicht berechtigt." Wir haben nicht darum gebetet, dass Gott Hope gesund machte. Es kam uns nicht richtig vor. Vielleicht hatten wir auch Angst, darum zu beten und dann auf ein Wunder zu hoffen, weil die Diagnose so unumstößlich sicher zu sein schien.

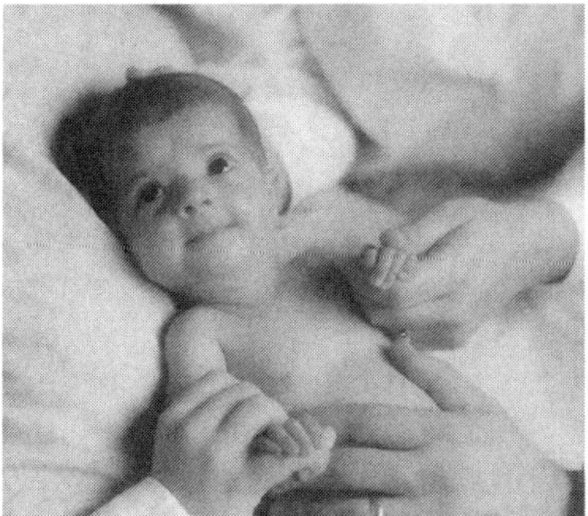

Unheilbar erkrankt: Hope Lauren Guthrie

Ein paar Wochen nach Hopes Geburt lasen wir in der Bibelstunde die Geschichte von Hagar, die vor Abraham und Sarah geflohen war, weil Sarah sie so schlecht behandelte. Sie wollte ihrer schwierigen Lage entkommen. Aber Gott sprach sie in der Wüste an und befahl ihr, „umzukehren und sich zu demütigen“ (1. Moses 16,9). Die Kursleiterin fragte: „Unter was sollen Sie sich demütigen?“ Ich wusste, Gott wollte, dass ich den Weg mit Hope, der vor uns lag, auf mich nahm; ich sollte nicht dagegen kämpfen oder ihn anflehen, etwas anderes zu tun, sondern mich seinem Plan und seinen Ansichten unterordnen. Ich wünschte, das wäre eine einmalige Entscheidung gewesen. Aber solange Hope lebte und ihr Zustand sich allmählich verschlechterte, war ich ständig aufgefordert, mich unterzuordnen, und es ist nicht leichter geworden. Jeden Tag, an dem ich meine Träume und Wünsche loslasse, an dem ich kleine Mädchen sehe, so alt, wie Hope jetzt wäre, die ihre Mütter und ihre Väter zum Lächeln bringen, muss ich mich neu unterordnen. Es gelingt mir nicht immer.

Aber weil ich glaube, dass Gottes Pläne für mich besser sind als das, was ich selbst für mich planen könnte, will ich vor dem Weg, der mir vorgezeichnet ist, nicht weglaufen, sondern ihn suchen. Ich will nicht versuchen, Gottes Absicht zu ändern; seine Gedanken sind vollkommen. Ich will seinen Plan annehmen.

Heilung für Gott zu schwer?

Ich weiß, dass viele Menschen um uns herum nur schwer verstehen konnten, warum wir Gott nicht gebeten haben, Hope zu heilen. Weil wir denken, das wäre für Gott zu schwer? Überhaupt nicht! Gott kann alles. Aber ich sehe immer wieder, wie viel Christen investieren, um Gott um Heilung zu bitten. Mit großem Mut, Leidenschaft und Ausdauer rufen wir zu Gott und bitten ihn um körperliche Heilung. Und am Schluss dieser Gebete wird oft ein

winziger Nachsatz angefügt, der heißt: „Wenn es dein Wille ist.“ Sollte das nicht umgekehrt sein?
Sollten wir nicht mit Mut, Leidenschaft und Ausdauer folgendes Gebet an Gott richten: „Gott, führe deinen Willen aus! Mache mich bereit, deinen Plan und dein Ziel zu akzeptieren.“ Und dann könnten wir vielleicht noch einen kleinen Nachsatz anfügen: „Wenn das eine Heilung einschließt, sind wir dankbar.“
Nach Hopes Geburt trafen mein Mann und ich eine schwierige Entscheidung: Wir wussten, dass wir beide eine Veranlagung für das Zellweger-Syndrom haben und dass jedes unserer Kinder ein Risiko von 25 Prozent haben würde, mit der tödlichen Krankheit geboren zu werden. Wir ließen einen Eingriff vornehmen, um eine neue Schwangerschaft zu verhindern. Dieser Eingriff war offenbar misslungen, ich wurde wieder schwanger. Nach einer Reihe von Untersuchungen wussten wir, dass wir noch ein Kind – diesmal einen Jungen – mit dem Zellweger-Syndrom bekommen würden. Dieses Mal war jedoch alles ganz anders. Bei Hope erfuhren wir erst, als sie schon geboren war, dass sie die Krankheit hatte. Wir wussten nicht, wie ihr Leben und Sterben sein würde. Diesmal wussten wir es. Und so erwarteten wir mit der Ankunft unseres Kindes die Freude, es lieben zu dürfen, und zugleich den Schmerz, es wieder verlieren zu müssen.

Hiobs Verzweiflung

Hat Hiob das Gleiche gefühlt? Noch ist er in tiefer Trauer, nicht nur um seinen Besitz, sondern um seine ganze Familie, da befallen ihn Geschwüre. Von den Fußsohlen bis in die Haare: juckende, wässernde, entzündete Geschwüre. Sie stürzen ihn in tiefe Verzweiflung. Er „verfluchte seinen Tag“, heißt es in Hiob 3,1. Das war nicht besonders fromm, aber zumindest ehrlich.
Hiob fragt Gott „Warum?“, doch auch in dieser Frage

ordnet er sich Gott unter in der Überzeugung, dass Gott seinen Schmerz zu einem sinnvollen Zweck gebraucht.

Tod und Tränen

Vor wenigen Tagen hat uns auch Gabriel verlassen, einen Tag nach seinem Tod wäre er sechs Monate alt geworden. Er machte einen kräftigeren Eindruck als Hope, und wir dachten, er würde länger bei uns bleiben. Wir haben sein Dasein genossen, ihn geliebt und für ihn gesorgt, und dann hat er uns ganz still verlassen. So besteht unsere Familie wieder nur aus drei Personen. Hope und Gabriel warten im Himmel auf uns. Während ich dies schreibe, sind die Tränen noch nicht gekommen. Aber ich weiß, dass sie kommen werden.

Fragen Sie Gott!

Fragen Sie Gott, warum er zugelassen hat, dass Sie so viel leiden? In Johannes 9,2-3 steht eine Antwort. Dort wurde Jesus gefragt, warum ein Mann blind geboren wurde – wegen seiner eigenen Sünde oder der Sünde seiner Eltern? Nicht wegen der Sünden, antwortete Jesus, sondern „damit die Kraft Gottes an ihm sichtbar werde“. Der Zweck des Leidens des Blinden in der Bibel, des Leidens von Hope und Ihres Leidens ist derselbe: sichtbar zu machen, dass Gott vollkommen ist. Wie machen Sie Gottes Größe sichtbar? Sie spiegeln sein Wesen wider. Sie entscheiden sich, ihm zu vertrauen, und erkennen, dass Ihre Situation Ihnen die einzigartige Möglichkeit bietet, einfach durch

Nancy Guthrie, die Mutter zweier früh gestorbener Kinder

Ihr Vertrauen auf seinen unbekannten Plan Gott die Ehre zu geben. Sich auf Gott zu verlassen, wenn kein Wunder geschieht, wenn unser Gebet nicht erhört wird, wenn alles dunkel ist – das ist der Glaube, den Gott vielleicht am höchsten schätzt. Hiobs Welt ist erschüttert worden, doch wir sehen, dass er in seinem Glauben fest steht.

Die Antwort: „Ich weiß …"

Mitten in seinen Fragen nach dem Warum sagt Hiob: *„Aber ich weiß, dass mein Erlöser lebt, und als der Letzte wird er über dem Staub sich erheben. Und ist meine Haut noch so zerschlagen und mein Fleisch dahingeschwunden, so werde ich doch Gott sehen"* (Hiob 19,25-26).

Hiob schaut weit in die Zukunft und sieht da die einzige Hoffnung, die es auch für Sie und mich in all den Verletzungen gibt, die uns das Leben zufügt: das Leiden unseres Retters. Hiob sieht den, der uns freikauft. Er sieht Jesus Christus, der die Scherben von Hiobs zerbrochenem Leben aufheben und etwas Wunderbares daraus machen wird.

Hiob erkennt, dass die Antwort nach dem Warum in unserem Leben nicht gefunden werden kann; erst im künftigen Leben, an dem Ort, an dem Gott ist, wird alles klar werden. *„Deshalb geben wir nie auf. Unser Körper mag sterben, doch unser Geist wird jeden Tag erneuert. Denn unsere jetzigen Sorgen und Schwierigkeiten sind nur gering und von kurzer Dauer, doch sie bewirken in uns eine unermesslich große Herrlichkeit, die ewig andauern wird!"*
(2. Korinther 4,16-17).

Nancy Guthrie
An der Hoffnung festhalten
Im Leiden unterwegs zum Herzen Gottes
Hänssler Verlag, Holzgerlingen 2003

Thilo und Sonja Schießl

Sein Kind loslassen – kann man das überhaupt?

Da wir von mehreren Seiten darauf angesprochen wurden, zum Thema „Umgang mit Trauer“ ein Zeugnis zu geben, wollen wir hier unsere Erfahrungen weitergeben.

August 2000: Wir sind eine glückliche Familie. Wir haben drei gesunde Kinder und freuen uns auf unser 4. Kind. Doch am 16. August wird unsere Maria totgeboren.
Es ist für uns ein Schock, eine große Enttäuschung. Wir haben irgendwie gar nicht damit gerechnet, dass etwas anders laufen würde, als wir es uns vorstellten. Weil wir beide überzeugte Christen sind, suchen wir Trost und Hilfe in Gottes Wort. Besonders die Stelle aus Psalm 139,15 und 16 hat uns getröstet: *„Mein Gebein war nicht verhüllt vor dir, als ich im Verborgenen gemacht wurde, kunstvoll gewirkt tief unten auf Erden. Deine Augen sahen mich schon als Keim, und in dein Buch waren geschrieben alle Tage, die noch werden sollten, als noch keiner von ihnen war.“*
Wir wissen unsere Maria jetzt bei Gott im Himmel, weil auch ihre Tage schon in Gottes Buch aufgeschrieben sind. Wir versuchen deshalb, den aufkommenden Warum-Fragen gar nicht zu sehr nachzugehen, und führen unser (Familien-)Leben möglichst normal weiter.

November 2000: Der nächste Schlag trifft uns, der uns noch wesentlich stärker zum Nachdenken bringen und beschäftigen sollte.
Bei unserem 2-jährigen Sohn Peter wird nach einer Routine-Operation (Paukenröhrchen ins Ohr) ein bösartiger

Familie Schießl in unbeschwerten Tagen, März 2000. Peter in der Mitte.

Tumor hinten im Innenohr entdeckt. Die Heilungschancen liegen bei etwa 66%.
Wir können es noch gar nicht fassen, als Peter auf die Kinderkrebsstation in Gießen verlegt wird. Im Treppenhaus der Klinik steht an der Wand der Spruch: Denn keinem von uns ist Gott fern. In dem Moment klagen wir Gott an: Warum lässt du uns das dann erleben? Wir beten um Hilfe für die kommende ungewisse Zeit und um Heilung für Peter. Es ist für uns alle eine große Umstellung. Doch nach einiger Zeit gewöhnen wir uns daran. Peter muss lernen, nachts oder auch mal mittags für eine kurze Zeit alleine in der Klinik zu bleiben, während einer von uns im nahe gelegenen Elternhaus ist. Die anderen beiden Kinder, Johanna (4) und Alexander (1), werden von den Großeltern

versorgt. Auch die ganzen folgenden Untersuchungen, Chemotherapien und Bestrahlungen bringen wir irgendwie hinter uns.

Im April 2001 sind wir das erste Mal seit Peters Krankheit für fast 3 Wochen als ganze Familie zusammen zu Hause. Wir genießen es, obwohl Peter auch hier viele Einschränkungen hat und Medikamente einnehmen muss.
Wir beten zwischendurch immer wieder um Hilfe und Heilung, und nicht nur wir, sondern sehr viele Christen beten für uns und geben uns auch praktische Hilfe. Wir merken immer wieder, dass Gott uns Schritt für Schritt Kraft gibt. Oft stehen wir vor Problemen, wie z.B.: „Wie kriegen wir Peter dazu, bei bestimmten Untersuchungen und bei den Bestrahlungen ruhig zu halten?“ Manche Probleme sehen zuerst unlösbar aus und hinterher klappt es doch.
Wir danken Gott für seine Hilfe und sind überzeugt davon, dass er Peter auch wieder ganz gesund machen wird. Er hat ja schließlich schon viele Menschen geheilt. Und für Peter beten doch besonders viele.

Am 4. Juli 2001 ist Peters Therapie erfolgreich zu Ende. Der Tumor ist zwar noch teilweise zu sehen, man findet aber kein Leben mehr darin. Wir danken Gott für das Durchtragen in der schweren Zeit und für Peters Heilung.

Bei der Kontrolluntersuchung am **11. September 2001** ist sogar der Resttumor nicht mehr zu sehen. Viele Menschen freuen sich mit uns und danken Gott dafür.
Doch kurz danach fahren wir mit erneuten Lähmungserscheinungen in Peters Gesicht wieder zur Untersuchung nach Gießen. Wir machen uns große Sorgen, dass doch wieder „etwas“ da ist. Wir beten darum, dass unsere Befürchtungen nicht eintreten.

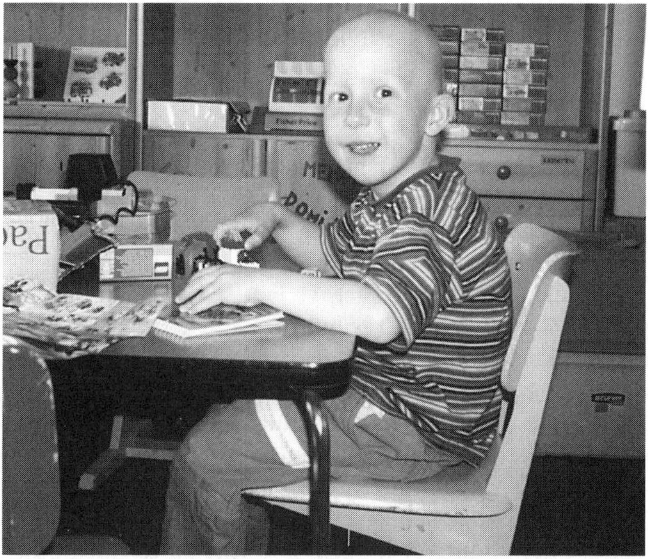

Peter im Spielzimmer der Kinderstation, Mai 2001.

Doch am **10. Oktober 2001** bei der Kernspintomographie wird tatsächlich wieder ein neuer Tumor gefunden. Eine erneute Behandlung steht an. Die Heilungschancen liegen jetzt noch bei immerhin 50%. Bei so vielen Gebeten wird Peter ganz bestimmt zu den 50% gehören, die gesund werden.
Diesmal wird Peter von Hirnchirurgen operiert. Dabei wird sein rechter Hör-, Gleichgewichts- und Gesichtsnerv durchtrennt, so dass sein Gesicht etwas „schief" bleibt. Das macht mich schon sehr traurig, wenn Peters schönes Gesicht so entstellt bleiben muss. Doch es sieht gar nicht so schlimm aus, wie wir uns das vorgestellt haben. Gott hilft uns auch da, es so anzunehmen.
Bei einem Krampfanfall bekommen wir besonders Angst um unseren Peter. Doch auch davon erholt er sich wieder. Bis Januar kriegt Peter wieder 4 Blöcke Chemotherapie

und es werden seine eigenen Stammzellen entnommen. Diese soll er nach einer Hochdosis-Chemotherapie transplantiert bekommen.

Am **25. Januar 2002** stehen die Voruntersuchungen für die Stammzelltransplantation an. Diese bringt ja Wochen oder Monate in einer isolierten Zelle mit sich, und es gibt da einiges, was vorher noch besprochen werden muss. Doch auch dieses Gespräch verläuft wieder ganz anders als wir es uns vorgestellt haben.
Bei der Kernspintomographie ist festgestellt worden, dass der Tumor während der Chemo weitergewachsen ist und sogar schon gestreut hat, u.a. auch ins Stammhirn, was ganz inoperabel ist. Das bedeutet, die Hochdosis-Chemotherapie mit Stammzelltransplantation ist jetzt sinnlos und es ist sehr fraglich, ob eine andere Chemo noch helfen kann. Man könnte evtl. noch eine sehr harte Chemotherapie ausprobieren, doch die Wirkung ist fraglich und die Nebenwirkungen würden sehr hoch sein. Man wolle noch eine Kernspintomographie vom Nervensystem und eine Lumbalpunktion machen, um zu sehen, ob der Tumor auch noch an anderen Stellen gestreut hat.
Wir sind fix und fertig und fahren erst mal nach Hause. Unterwegs läuft die Kassette, die Peter zu seinem 4. Geburtstag bekommen hat, mit dem Lied von Rolf Zuckowski „Wie schön, dass du geboren bist, wir hätten dich sonst sehr vermisst“. Es tut so weh, wenn wir daran denken, dass wir Peter an seinem nächsten Geburtstag vielleicht wirklich schon vermissen werden.
Wir machen uns viele Gedanken: Wird Peter bald sterben? Will Gott ihn nicht gesund machen? Will er nicht so handeln, wie wir es für richtig halten? Heute abend beten wir um Kraft für das, was wir erleben sollen, egal ob wir Peter behalten dürfen oder ob wir ihn loslassen müssen. Wir merken, dass wir dadurch ruhiger werden.

Das erinnert uns an die Stelle aus Philipper 4,6+7: *Sorgt euch um nichts; sondern in allem lasst durch Gebet und Flehen mit Danksagung eure Anliegen vor Gott kundwerden. Und der Friede Gottes, der allen Verstand übersteigt, wird eure Herzen und eure Gedanken bewahren in Christus Jesus!*
Nachdem wir wirklich unsere Anliegen abgegeben haben, spüren wir den Frieden Gottes. Wir haben aufgehört, Gott Vorschriften zu machen, wie er zu handeln hat. Auch die Unsicherheit, ob wir Peter noch eine weitere noch härtere Chemotherapie zumuten sollen, legen wir ganz in Gottes Hände. Wir bitten um Klarheit in der Sache.
Als dann die Untersuchung des Nervensystems ansteht, sagen wir: Wenn da auch noch Metastasen gefunden werden, soll Peter keine Therapie mehr bekommen, sondern die Zeit, die er noch auf der Erde mit uns hat, soll er es noch schön haben.

30. Januar 2002: Die Untersuchung ergibt, dass keine weiteren Metastasen im Nervensystem sind. Unsere Schlussfolgerung ist: Wenn wir auch bei Metastasen im Nervensystem keine Chemo mehr probieren wollten, so sollten wir jetzt wohl aber einer weiteren Chemo zustimmen. So haben wir Gottes Antwort auf unsere Frage verstanden. Beim nächsten Arztgespräch teilen wir unseren Entschluss mit.
So bekommt Peter die besonders harte Chemotherapie, zum Teil auch direkt ins Hirnwasser. Wider Erwarten treten die befürchteten Nebenwirkungen nicht auf. Peter geht es so gut wie noch nie nach einer Chemo. Alle sind sehr verwundert darüber. Weil er die Therapie so gut verkraftet hat, kriegt er direkt noch einen Block davon. Und wieder ist er topfit danach.
Wir sind sehr dankbar dafür und sind uns sicher, dass unsere Entscheidung wirklich Gottes Wille war. In dieser Zeit führen wir besonders viele Gespräche mit anderen Eltern von krebskranken Kindern. Sie können es gar nicht verste-

hen, wie wir so ruhig sein können, wo die Heilungschance von Peter quasi Null ist. Wir merken, dass Gott uns so ruhig macht.

Am **15. März 2002** wird die entscheidende Kernspintomographie gemacht, wo man sehen will, ob die Therapie angeschlagen hat. Das Ergebnis: Die Chemo hat gar nichts bewirkt. Trotzdem bleiben wir ruhig, weil wir uns in Gottes Händen geborgen wissen.
Wir reden auch mit Peter über seine Situation. Wir sagen ihm, dass er wahrscheinlich bald sterben wird. Peter will auch gerne in den Himmel. Wir haben auch schon vorher öfter darüber gesprochen, und er hat auch keine Angst vor dem Sterben. Nur in den Kindergarten will er vorher gerne noch.
Die Entscheidung, keine weitere Chemotherapie mehr machen zu lassen, ist eigentlich schon gefällt. Peter bestätigt uns noch, dass es richtig ist.

Am **19. März 2002** ist das Gespräch mit den Ärzten. Wir teilen ihnen unseren Entschluss mit. Sie sind froh, dass wir nicht von ihnen erwarten, dass sie alles können. Oft würden sie als „Götter in Weiß“ gesehen.
Wir erzählen auch von Peters Wunsch, noch in den Kindergarten zu gehen, und die Ärzte sind einverstanden. Nur Peters Katheter soll vorher noch entfernt werden.
Zu Hause erzählen wir Peter, dass er jetzt keine Chemo mehr kriegt und nur noch mal ins Krankenhaus muss, um den Katheter rauszumachen. Peter freut sich riesig. Mittwochsabends in der Gebetsstunde sollen wir es allen sagen, dass er jetzt keine Therapie mehr braucht. Seine Reaktion macht uns alles sehr viel leichter.
Ende März darf er das erste Mal in den Kindergarten, endlich mal was machen wie die anderen Kinder in seinem Alter. Wir können uns mit ihm freuen, auch wenn wir uns oft fra-

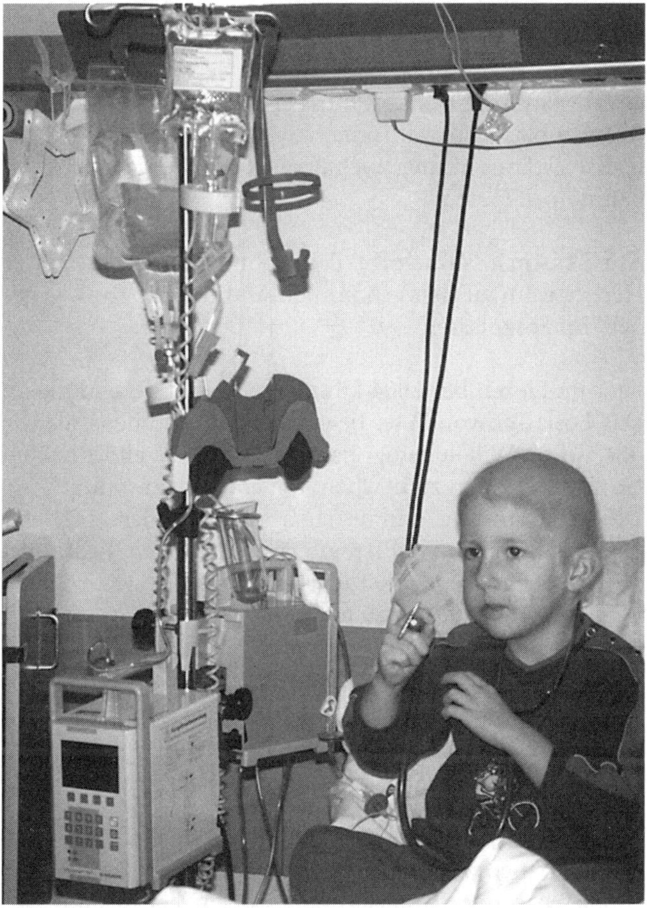

Peter im Dezember 2001, nach der Operation und wärend einer der zahlreichen Chemotherapien.

gen: Wie lange geht es ihm noch so gut? Wann und wie wird er sterben? Wird er viele Schmerzen haben? Wir sind froh, dass wir auch diese Sorgen wieder bei Gott ablegen und ihn um die nötige Kraft bitten können, egal wie es weitergeht.

Seit dem **6. April** beschwert sich Peter über Übelkeit und kann sein Essen nicht mehr bei sich behalten. Wegen der Gefahr des Austrocknens muss er noch mal für 2 Tage ins Krankenhaus, um Infusionen zu bekommen. Wieder zu Hause, ist ihm immer noch übel, er schläft viel und kann kaum noch laufen.

Am **22. April 2002** stirbt Peter ohne Schmerzen. Unser Herr hat ihn zu sich genommen und uns die Kraft gegeben, ihn loszulassen.

Jetzt im **Dezember 2004** können wir rückblickend sagen: Das Loslassen von Peter begann in dem Moment, als wir uns Gottes Willen gefügt haben, als wir aufgehört haben, Gott Vorschriften zu machen, wie er handeln sollte.
Unsere Erfahrung erinnert uns an Hiob, der auch erst Gott vorschreiben wollte, was er zu tun hätte. In Kapitel 42,3 sagt er dann: *„Fürwahr, ich habe geredet, was ich nicht verstehe, Dinge, die mir zu wunderbar sind und die ich nicht begreifen kann!“*
Obwohl wir natürlich unseren Peter oft vermissen und auch unsere Maria, die wir nur nicht so kennen gelernt haben, bekommen wir immer wieder Trost, weil wir wissen, dass Gott weiß, warum er so gehandelt hat. Diese Gewissheit gibt uns Frieden darüber.
Als wir letztens die Begebenheit in Markus 4 ab Vers 35 gelesen haben, als der Herr Jesus den Sturm gestillt hat, haben wir auch Parallelen zu unserem Leben entdeckt. Die Jünger sagten: *„Meister, kümmert es dich nicht, dass wir umkommen?“* Sie hatten praktische Hilfe erwartet, aber nicht, dass ihr Herr den Sturm stillen würde.
Ähnlich wie die Jünger so mussten auch wir fragen: Wer ist denn dieser, der uns fähig machen kann, unsere Kinder loszulassen?

Bärbel Olmesdahl

Die Achterbahn der Gefühle

Eine Witwe von 43 Jahren, mit 4 Kindern, einer Hilfe bedürftigen Schwiegermutter und keiner Zeit, sich auf diese Riesenaufgabe vorzubereiten, berichtet.

Kann man Witwenschaft vorbereiten? Diese Achterbahn der Gefühle, die man rauf und runter lebt und die einen immer wieder an die Grenzen der Belastbarkeit führt. Kann man sich das im Voraus überhaupt auch nur ansatzweise vorstellen? Nein, ganz sicher nicht und wenn – wem und was würde es nützen? Diese Mischung aus unterschiedlichen Gefühlen, die in mir wühlte: Wut, Schmerz, Hilflosigkeit, Aufbruchstimmung, Lähmung, Sorge, Existenzängste, Vergleichen, Dankbarkeit, Unverständnis und auch dem Willen, sich in Unabänderliches zu fügen. Wer könnte sich die auch nur in seinen kühnsten Träumen ausdenken?

Betäubender Schmerz

Da ist dieser erste betäubende Schmerz, der einen in den Mittelpunkt einer unglaublichen Welle von Hilfsbereitschaft und Zuwendung stellt. Da ist eigene Sprachlosigkeit und die der anderen und gleichzeitig der Wille, aus dem, was geschehen ist, das Beste zu machen, der scheinbaren Sinnlosigkeit einen plausiblen Sinn zu geben.
Der Tag der Beerdigung, wie ein Traum zieht er vorüber. Und am Ende dieses Tages das Wissen: der Gott, der durch diesen Tag trug, der so große Zuwendung schenkte, aber das alles auch zuließ, ist da! Und er sieht! Und eine allererste Ahnung und Hoffnung keimt auf, dass mit diesem Gott auch der Alltag zu bewältigen sein wird.

Innere Einsamkeit

Aber die Achterbahn der Gefühle fährt weiter: über Höhen und Tiefen des Alltags, der Kindererziehung, die jetzt alleine zu bewältigen ist, mit Kindern, deren Leid ich überhaupt nicht einschätzen kann, und einer endlosen Kette von Behördengängen. Und dann die Sehnsucht nach Zuwendung des Partners. Man fühlt regelrecht, wie der Tank der Zärtlichkeiten und der liebevollen Zuwendung leerer wird, unaufhaltsam zur Neige geht. Wird es jemals etwas geben, das sich dieser Sehnsucht tröstlich entgegensetzen lässt? Unvorstellbar!

Der Alltag beginnt wieder, normal zu laufen, und doch ist alles anders. Nichts ist mehr wie vorher, alles hat ein anderes Vorzeichen bekommen. Das Vorzeichen der „inneren Einsamkeit", und die wird zum ständigen Begleiter. Wird sie meine Schwester oder wird sie mein Feind? Als Schwester kann ich lernen, mit ihr zu leben, als Feind muss ich sie ständig bekämpfen, und das wird Energie kosten, Energie, die eigentlich für vieles andere nötig sein wird.

„Göttliches Sozialsystem"

Scheinbar geht jeder zur Tagesordnung über. Was wird aus mir? Manche sind so hilflos, dass sie mich zu meiden scheinen, und mancher Kommentar ist so daneben, dass er einem die Sprache verschlägt, und doch wäre es dumm zu glauben, dass auch nur einer von ihnen verletzend gemeint ist. Im Gegenteil, jeder will nur helfen, Liebe zeigen und Anteilnahme vermitteln. Und ob ich nun will oder nicht: Es wird nötig sein, das Gute sehen zu lernen und es aufzuzählen, denn hinter unbewältigten Verletzungen wartet die Bitterkeit und die macht bissig und einsam und kostet wieder wertvolle Kraft. Letztlich ist es doch wunderbar und erstaunlich zu sehen, dass das Prinzip des „göttlichen Sozialsystems", der tragenden und unterstützenden Begleitung der Gemeinde und treuer Freunde, auf unterschiedlichste Weise funktioniert und hilft. Das hat mich immer wieder begeistert, wenn Menschen genau im richtigen Augenblick Ermutigung gaben durch Zuwendungen unterschiedlichster Art und ich dadurch bestätigt bekam: Gott sieht!

Ich durfte lernen, im Verbliebenen einen Sinn zu sehen. Das konnte ich nicht üben und musste es auch nicht von Heute auf Morgen können.

Mit Gott im Zwiegespräch

Da begegnet mir eine alte Dame, eine bewährte Christin und langjährige Witwe, und sie erzählt mir: „Seit ich alleine bin, bete ich wirklich für alles, auch für Parkplätze, wenn ich in die Stadt muss." Wenn sich das bei ihr bewährt hat, warum soll ich es dann nicht auch noch mehr als früher praktizieren? Ich merke, dass mein Gebet immer mehr zum Zwiegespräch wird. Gott bekommt meine Klagen zu hören – manchmal mit drastischen Worten –, und die Selbstverständlichkeit, alles vor seine Füße zu werfen, wächst. Eine ganz tiefe Gewissheit gerade in der ersten Zeit war: „Ich muss nicht beten, wenn ich keine Kraft dazu habe und mir auch die Worte fehlen. Das tun ganz selbstverständlich die anderen." Leben aus der Sicherheit heraus, dass die Gebete anderer Menschen, die ich oft nicht einmal kenne, mich und meine Kinder tragen, das war eine besondere Erfahrung der Güte Gottes.

Fragen, Gefühle, Erfahrungen

Manchmal treibt mich die Empörung, die sich über Alltagssituationen aufgestaut hat und die im Partner ja auch kein ausgleichendes Gegenüber mehr hat, zum Friedhof. Da ist der Trotz, der sich selbst und anderen beweisen will: „Das da gehört mir! Dieses Grab ist mein Eigentum!", nur um dann doch wieder festzustellen, dass der Heimweg einsam ist. Zu Hause muss mehr denn je der Zufluchtsort für die Kinder sein. Jedes Kind leidet, bedingt durch sein Alter und den unterschiedlichen Zugang, den es zum Vater hatte, auf seine Weise, mal heftiger und mal auch mit erstaunlichem Abstand zur Situation.

Besuch tut immer wieder gut. Erzählen dürfen, was war, was fehlt, Betroffenheit spüren und doch auch gleichzeitig akzeptieren, dass der Besuch jetzt kommt und nicht gerade an dem Abend, an dem ich mich einsam fühle. Die einsamen Abende! Ist es wirklich dieser Abend, oder doch vielmehr die bange Frage und auch leise Panik nach der Anzahl der einsamen Abende und Wochenenden? Wie lange wird sie dauern, die Einsamkeit? Was, wenn sie nie mehr aufhört? Kann man sich an Witwenschaft gewöhnen, mit dem Alleinsein arrangieren? Immer wieder stehen die Fragen der Zukunft im Raum. Diese Fragen, die sich um Finanzen, mangelnde Kraft, schlechten Schlaf, körperliche Erschöpfung, den Gedanken, ob es je wieder eine neue Partnerschaft geben könnte, Einsamkeit und v. m.

drehen. Und immer wieder muss ich mich entscheiden, ob ich diese Fragen abgebe an meinen Vater im Himmel, der versprochen hat zu helfen. Oder lasse ich es zu, dass sie mich in die Bodenlosigkeit der Verzagtheit ziehen. Bibelverse, Liedverse werden zu Ankern und an strategisch wichtigen Stellen in der Wohnung verteilt.
Und das Konto der Erfahrungen mit Gott und Menschen wächst rasant. Da geschah es, dass sich Verwandte oder Freunde Gedanken gemacht und Möglichkeiten überlegt hatten, wie man zusammen Urlaub machen könnte, und es entstanden schöne Ferienerinnerungen auch ohne den Vater. Gott gab ganz neue Aufgaben, die völlig frei von Erinnerungen an den Partner waren und eine Ahnung schenkten, dass es ein „Leben danach" gibt, das auch schön sein kann. Und doch – mit der Größe des Abstands zum Vergangenen wächst auch der Wunsch nach Neuem. Der erste Schmerz, der langsam weniger wird, verwandelt sich in den Schmerz der Sehnsucht und der großen Gefahr, durch Tagträume den Alltag noch härter erscheinen zu lassen. Da ist Disziplin geboten. Wie gut, dass auch da die Hilfe Gottes greift.
Die Erfahrung anderer kann manchmal gute Anstöße geben fürs eigene Leben, aber sie kann auch neue Ängste schüren. Was hilft es zu hören, dass das zweite Weihnachtsfest schlimmer war als das erste? Für eigene Erfahrungen ist es immer früh genug. Viel wichtiger ist es herauszufinden, wie man Feiertage, Wochenenden und Feste im Voraus planen kann, damit sie an Schrecken verlieren. Besser kann es sein, alte Traditionen aufzugeben, neue Höhepunkte zu überlegen und durch gezielte Planung Vorfreude zu schaffen.

Alles anders und doch alles beim Alten?

Gut war es, möglichst bald wieder die alten Aufgaben aufzunehmen, denn ich hatte gerade in der ersten Zeit

den Bonus, es versuchen zu dürfen, und auch die Gewissheit, wenn's nicht mehr geht, darf ich gehen. Das gab einen sicheren Rahmen, in dem ich üben durfte, und die Menschen, die dazu gehörten, durften auch lernen, mit mir umzugehen. Denn nicht nur für mich ist vieles anders geworden. Auf einmal ist eine Alleinstehende im Kreis der Paare. Wird sie lachen, wenn Spaß gemacht wird, oder ist der Umgang mit ihr jetzt anders?
Alles anders und doch alles beim Alten?! Nichts muss ich können, alles darf ich lernen. Nöte und Ängste im Ansatz vor Gott zu benennen, sie in Worte zu kleiden und vor Gott laut zu klagen, bewahrt vor dem verhängnisvollen Nestbaueffekt. Das heißt, dass Sorgen, die ich klammere, neue Sorgen brüten werden.

Kann man eigentlich Leid und Kummer messen?
Die Versuchung dazu ist groß, aber der Versuch wird immer hinken. Der einzige Effekt ist zwangsläufig Unzufriedenheit und Bitterkeit. Dankbarkeit zu üben für das, was geblieben ist, verleiht Flügel, die über manche innere Not hinwegtragen werden. Das Gebet: „Herr, lass mich sehen, was ich habe, und hilf mir, nicht das aufzuzählen, von dem ich meine, dass es mir fehlt", ist wie ein Mantel, der mich schützt vor Neid.
Und dann geschah eines Tages das bis dahin Unvorstellbare. Ich merkte auf einem Bergausflug mit meinen Kindern im tiefen Schnee und bei herrlichster Sonne für einen Moment die Unbeschwertheit aus früheren Tagen, einfach nur sorglose Freude und tiefen inneren Frieden. Und wenn wir auch nach kurzer Zeit wieder im Alltag ohne Vater angekommen waren, so hatte mir Gott doch einen Blick auf das geschenkt, was wieder wachsen wird. Solche Momente gilt es festzuhalten als Beweis für mein Vertrauen – Gott sieht! Und zu seiner Zeit wird er wieder Neues schenken!

Gott sieht – auch die Tränen!

Er sieht die geweinten und noch mehr all die ungeweinten Tränen, die ich verdränge, für die ich keine Kraft mehr habe, sie zu weinen, oder vor deren Uferlosigkeit ich Angst habe. Er kennt die Tränen, die meine Kinder nicht sehen sollten und von denen sie doch mehr ahnten, als ich dachte. Und eines Tages wird Gott sie zum Überlaufen bringen, auch wenn ich sie verdrängt habe in die letzte Ecke meiner Seele. Ihm sind sie wichtig, und er wird sie trocknen auch noch nach Jahren, denn er hat sie nicht übersehen. Das ist eine ganz große Erfahrung der letzten Jahre, dass sogar in der Sicherheit einer neuen Beziehung noch alte Tränen fließen dürfen! Es gehört zu unserem Menschsein, dass wir Gefühle in Tränen kleiden können, und macht uns zugänglicher für andere.

Und Gott vergibt auch die Schuld

Und dann steht eines Tages vielleicht die Schuld vor der Tür. Die Entdeckung, dass ich trotz tiefer Liebe und einer glücklichen Partnerschaft, trotz guten Willens doch an meinem Partner schuldig geworden bin. Und nun ist es zu spät für Vergebung? Nein, ist es nicht! Ich darf als Bettler vor Gott treten und ihn um Vergebung bitten und er wird vergeben und verstehen, und dann wird er diese Schuld vergessen und ich darf sie auch „beerdigen" und dieses Wissen genießen.

So wird das Kapitel meiner Ehe zu Ende geschrieben, und wie ein Album darf ich es immer wieder zur Hand nehmen, darin blättern, die einzelnen Bilder hier und da anderen erklären. Ich darf mich daran freuen, darüber weinen und dieses Album als wunderbare Erinnerung und Teil meines Lebens wieder ins Regal meines Lebens zurückstellen. Gott gibt, Gott nimmt, aber er geht niemals vorbei an meinem Leid und er leidet mit.

Barry St.Clair

Wie verarbeiten wir unseren Schmerz?

Am Sonntagabend las ich meiner sechsjährigen Ginny vor, bevor ich mit ihr betete und sie zudeckte. Das Telefon klingelte. Unser vierzehnjähriger Sohn Jonathan rief vom Autotelefon aus an. Er redete, während seine Schwester den Wagen steuerte, mit dem sie auf dem Heimweg von einer Gemeinde in der Innenstadt von Atlanta waren. Plötzlich hörte ich während unserer Unterhaltung unbeschreibliche Geräusche. Zuerst klang es wie Funkstörungen. Dann wurde mir klar, dass Glas und Metall zermalmt wurden. „Papa, wir haben einen Unfall. Wir haben einen Unfall", schrie Jonathan. „Häng' nicht auf", schrie ich zurück. „Papa, jemand hat uns gerammt! Katie blutet. Sie ist verletzt." Ich konnte unsere siebzehnjährige Katie schreien hören. „Jonathan, raus aus dem Auto. Kannst du Katie aus dem Wagen schaffen?" – „Überall ist Glas. Die Funken fliegen, und das Auto liegt auf dem Dach. Ich weiß nicht, ob ich es schaffe!" – „Jonathan, ihr müsst jetzt da 'raus!" Mit großer Mühe zog er Katie und sich selbst aus dem Wagen. Schweißbedeckt vor Angst schrie ich: „Ich wähle jetzt den Notruf. Bleibt da, bis ich komme!"

Ich rief die Notfallnummer an und rannte zum Wagen. Für die Fahrt, die normalerweise zwanzig Minuten dauert, brauchte ich diesmal nur acht Minuten. Als ich in die Straße einbog, wo der Unfall stattgefunden hatte, war alles grell beleuchtet. Wegen der flackernden Lichter der Rettungsfahrzeuge war es taghell. Sanitätswagen, Feuerwehrautos und Polizeiautos standen herum. Ich rannte zur

Unfallstelle. Das Erste, was mir ins Auge stach, war unser 1984er-Sunbird, der ein auf dem Dach liegender Blechhaufen war – Totalschaden. „Wo sind meine Kinder?", schoss es mir durch den Sinn. Dann sah ich Jonathan, der benommen umherlief. Als ich ihn umarmte, bemerkte ich einen blutbefleckten grünen Pullover auf dem Bürgersteig zu meiner Linken. Ich musste nicht erst fragen, wessen Blut es war. „Wo ist Katie?" – „Im Krankenwagen." Wiederum stürmte ich los, diesmal zum Krankenwagen. Polizisten und Sanitäter standen um die Hintertür herum. Ich schob mich hindurch und krabbelte auf Händen und Knien zu meiner Tochter. Ihr Kopf und ihr ganzer Körper waren voller Blut. Als wir einander sahen, fingen wir beide an zu weinen ...

Ohne Schmerz kein Gewinn

Egal, wie großartig die Familie ist, aus der wir stammen, oder wie wundervoll unsere Eltern auch sein mögen, irgendwann im Laufe unseres Lebens werden wir im Bereich unserer familiären Beziehungen verletzt. Auf sehr greifbare Weise tragen wir alle Wunden, die uns von unserer Familie zugefügt wurden.

Die Geschehnisse der Nacht, in der ich um meine Katie weinte, schufen in unserer Familie eine Situation, durch die wir einige ganz außergewöhnliche Lektionen lernten. Obwohl Katie voller Blut gewesen war, war ihr Zustand nicht ernst. Sie wurde am Kopf und an der Hand genäht und ging einige Tage lang nicht zur Schule, weil sie sich noch angegriffen fühlte. Doch der „minimale Schaden", den sie erlitten hatte, minderte nicht die Wirkung des Erlebnisses oder die ungewöhnlichen Lektionen, die dieser Vorfall uns gelehrt hatte. Ich hoffe, dass das, was wir durch die körperlichen Verletzungen gelernt haben, unser Leben auch in emotionaler und geistlicher Hinsicht beeinflussen wird. Lassen Sie uns schauen, wie wir unseren Schmerz in einen persönlichen Gewinn verwandeln können.

Rufen Sie den verwundeten Heiler an

Als ich bei Katie im Krankenwagen ankam, hielt sie mit der einen Hand ihre Bibel fest umklammert. Mit der anderen Hand griff sie nach meiner. Unter Tränen erzählte sie mir: „Papa, ich wusste, dass du kommen würdest. Während ich hier gelegen habe, wiederholte ich immer und immer wieder die Worte: Fürchte dich nicht, denn der Herr dein Gott wird dich erretten." In diesem Moment dankte ich dem Herrn dafür, dass er sie errettet hatte und dass er dies auch in Zukunft tun würde.

Wenn Sie auf Ihr Leben schauen – wo verletzen Sie? Wo verbergen Sie Tränen hinter dem Lachen?

Jesus ist der Einzige, der uns durch unsere Schmerzen und Tränen hindurch erretten kann. Er kann es, weil er der verwundete Heiler ist. Ganz egal, welche Schmerzen uns in unserem Leben zugefügt worden sind – Jesus weiß, wovon die Rede ist, denn er hat das Gleiche vor uns erlebt. Wenn wir Jesaja 53,2-5 lesen, wird uns bewusst, wie wahr dies ist:

Er ist wie ein Trieb vor ihm aufgeschossen und wie ein Wurzelspross aus dürrem Erdreich. Er hatte keine Gestalt und keine Pracht. Und als wir ihn sahen, da hatte er kein Aussehen, dass wir Gefallen an ihm gefunden hätten. Er war verachtet und von den Menschen verlassen, ein Mann der Schmerzen und mit Leiden vertraut, wie einer, vor dem man das Gesicht verbirgt. Er war verachtet, und wir haben ihn nicht geachtet. Jedoch unsere Leiden – er hat sie getragen, und unsere Schmerzen – er hat sie auf sich geladen. Wir aber, wir hielten ihn für bestraft, von Gott geschlagen und niedergebeugt. Doch er war durchbohrt um unserer Vergehen willen, zerschlagen um unserer Sünden willen. Die Strafe lag auf ihm zu unserm Frieden, ***und durch seine Striemen ist uns Heilung geworden*** (Hervorhebung vom Autor).

- Für diejenigen, die sich hässlich fühlen – er hatte keine Gestalt und keine Pracht.
- Für diejenigen, die sich zurückgewiesen fühlen – er war verachtet und von den Menschen verlassen.
- Für diejenigen, die tiefe Schmerzen erlitten haben – er war ein Mann der Schmerzen und mit Leiden vertraut.
- Für diejenigen, die Gott die Schuld für das Geschehene geben – man hielt ihn für bestraft, von Gott geschlagen und niedergebeugt.
- Für diejenigen, die geschlagen und missbraucht wurden – er war durchbohrt um unserer Vergehen willen.
- Für diejenigen, die ein Kind oder einen anderen ihnen nahe stehenden Menschen verloren haben – er wurde vom Tod zerschlagen.

Durch die Erfahrung des Kreuzes erlitt Jesus jeden möglichen körperlichen und emotionalen Schmerz. Er wurde gegeißelt, was bedeutete, dass römische Soldaten ihn mit einer Peitsche schlugen, die mit scharfen Gegenständen bespickt war. Er wurde bespuckt. Sie legten ihm einen Mantel um und ließen das Blut gerinnen, so dass der Mantel an seinem Körper festklebte. Dann rissen sie ihn herunter. Sie setzten ihm eine Krone aus etwa zweieinhalb Zentimeter langen Dornen auf und drückten sie fest auf seinen Schädel, wodurch er heftig blutete. Die Soldaten zwangen ihn dazu, sein eigenes Kreuz zu tragen. Dann nagelten sie seine Handgelenke und Füße mit langen Eisenspitzen an das Kreuz. Daraufhin hoben die Soldaten das Kreuz in die Halterung, wodurch sein Fleisch zerrissen wurde. Der Schmerz war unerträglich. Cicero nannte Kreuzigungen „die grausamste und schrecklichste Qual". Was Gelehrte als die schrecklichste Todesart bezeichnen, die jemals von Menschen erfunden wurde – Jesus erlitt sie in ihrem vollsten Umfang!

In Jesu Tagen wurden viele gekreuzigt. Jesus jedoch tat

einen Schritt über den körperlichen Schmerz der Kreuzigung hinaus. Am Kreuz rief er voller Pein, jenseits allen menschlichen Verständnisses: *„Mein Gott, mein Gott, warum hast du mich verlassen?"* Zum ersten Mal seit Ewigkeit war Jesus von Gott getrennt. Der Bruch dieses ewigen Bandes der Verbundenheit zwischen dem Vater und dem Sohn war der Schlimmste aller Schmerzen.

Was bedeutet Jesu Schmerz mitten in unseren Kränkungen und der Heilungsbedürftigkeit für uns als Eltern? Er bedeutet, dass er sich mit unserem Schmerz identifiziert. Wo auch immer wir gewesen sind, Jesus war schon vor uns dort und sogar noch tiefer. Was unsere Eltern, unser Ehepartner oder unsere Kinder uns auch angetan haben mögen, Jesus versetzt sich in uns hinein.

Aber dabei blieb es nicht, sondern er unterzog sich diesen Schmerzen, damit er unsere Kränkungen heilen kann. Der Apostel Petrus formulierte es am besten:

... der unsere Sünden an seinem Leib selbst an das Holz hinaufgetragen hat, damit wir, den Sünden abgestorben, der Gerechtigkeit leben; durch dessen Striemen ihr geheilt worden seid (1Petr 2,24).

Um den Heilungsprozess zu beginnen, will Jesus, dass wir unsere Sündhaftigkeit zugeben, uns zu ihm hinwenden und ihn unsere Sünden hinwegnehmen lassen. Er möchte eine Beziehung mit uns aufbauen, die den Weg öffnet für die Heilung, die er in unser Leben und in unsere Familien bringt. Dann will er für uns der „Balsam von Gilead" werden. Der himmlische Vater vergießt Tränen um uns und sagt:

Über dem Zusammenbruch der Tochter meines Volkes bin ich zerbrochen; ich trauere, Entsetzen hat mich ergriffen. Ist denn kein Balsam in Gilead oder kein Arzt dort? Ja, warum ist die Genesung der Tochter meines Volkes ausgeblieben? (Jer 8,21-22)

Der Vater sandte Jesus als den „Balsam von Gilead", der sich um unsere Schmerzen kümmert. Uns gefällt die Art und Weise, wie Neil Anderson es ausdrückt:

Weigere dich zu glauben, dass du lediglich das Produkt deiner Erfahrungen bist. Als Christ bist du in erster Linie das Produkt des Werkes Christi am Kreuz. Du bist im wahrsten Sinne des Wortes eine neue Schöpfung in Christus. Das Alte, einschließlich der Wunden aus deiner Vergangenheit, ist gestorben. Dein altes Ich ist vergangen, dein neues Ich ist hier. (Neil T. Anderson, Victory over the Darkness, Regal Books, 1990, Seite 199.)

Beginnen Sie genau dort. Beschließen Sie jetzt, Jesus um jeden Preis an diese schmerzhaften Stellen Ihres Lebens heranzulassen. Erlauben Sie ihm, Ihre Lage zu beurteilen, und lassen Sie dann seine heilende Berührung zu. Es ist möglich, dass Ihre Entscheidung den seit Generationen bestehenden Kreislauf von Sünde, zerbrochenen Beziehungen und Fehlverhalten unterbrechen wird. Die gleiche Entscheidung schafft die wunderbare Möglichkeit, dass Ihre Kinder und Ihre Enkel von nun an stark, gesund und erfüllt leben können. Sie können der Schlüssel sein, der das Schloss an der Tür öffnet, hinter der all die wunderbaren Dinge warten, die Gott für Sie und Ihre Familie bereithält.

Schätzen Sie wertvolle Beziehungen

Bis zu dem Unfall ärgerten Katie und Jonathan einander gnadenlos. Da sie nur drei Jahre trennten, machten sie alles „mit den Fäusten" aus. Aber dieser Unfall änderte das. Erst Stunden später – gegen zwei Uhr morgens, nachdem wir mehrere Stunden in der Notaufnahme verbracht hatten – wurde uns bewusst, dass unser Sohn Jonathan ein Held war. Er hatte in dieser kritischen Situation nicht nur den Mut, seine Schwester und sich selbst aus einem möglicherweise explodierenden Wagen zu retten, sondern versorgte auch seine Schwester hinterher. Ihr blutiger Pullover, den ich auf der Erde liegen gesehen hatte, war in diesem Zustand, weil er ihn als Kissen benutzt hatte, um Katies Kopf zu stützen, während er sie bis zur Ankunft des Krankenwagens in seinen Armen hielt.

Seit dieser Nacht hat sich ihre Beziehung verändert. Sie streiten selten. Stattdessen lieben und respektieren sie sich gegenseitig wie niemals zuvor. Jonathan entschied sich sogar dafür, die gleiche Universität wie Katie zu besuchen. Diese Entscheidung kam daher, dass er ihr nahe sein wollte. Der Unfall zeigte ihnen, wie sehr sie einander schätzen. Sie lernten, dass ihre Beziehung kostbar ist. ...

Beten Sie intensiv füreinander

Am Tag des Unfalls von Katie und Jonathan hatten Carol und ich uns zuvor mit einigen Paaren zu einem Gebetstreffen in unserer Kirche zusammengefunden. Unsere Kinder waren mit ihren Freunden zu einem Gottesdienst in die Stadt gefahren. Nachdem wir gemeinsam gegessen und uns unterhalten hatten, trennten sich die Männer von den Frauen. Jede der beiden Gruppen suchte zum Beten einen eigenen Raum auf. Wir Männer beteten für unsere Kinder. Normalerweise ist die Männergruppe eine ziemlich ruhige Gesellschaft und betet in der Stille. Wir beteten für jedes Einzelne unserer Kinder. Dann beteten wir um Gottes Schutz für sie. Mit steigender Intensität und Lautstärke baten wir den Herrn, über ihnen zu wachen. Wir beteten namentlich für sie. Dann tat ich für unsere Kinder das Gleiche, was Mose die Kinder Israels zu tun angewiesen hatte: Ich betete buchstäblich um das „Blut

des Lammes über den Türrahmen ihrer Wagen". Es war wirklich kein langweiliges Gebetstreffen!
Keine Stunde später sprach ich mit meinen Kindern am Telefon und der Unfall geschah. Später hörte ich von dem Polizisten, dass Katie tot gewesen wäre, wenn der Lincoln Continental, der den Unfall verursacht hatte, auf ihrer Seite fünfzehn Zentimeter näher zur Tür aufgeprallt wäre statt am Türrahmen des Wagens!
An diesem Abend hat Gott unsere Kinder beschützt – daran besteht kein Zweifel! Und Gott will jeden in unseren Familien ebenso beschützen. Er hat uns zahlreiche Versprechen gegeben, dass er es tun will. Eines, das wir besonders mögen, lautet:

Der HERR ist dein Hüter,
der HERR ist dein Schatten über deiner rechten Hand.
Am Tag wird die Sonne nicht stechen,
der Mond nicht bei Nacht.
Der HERR wird dich behüten vor allem Unheil,
er wird dein Leben behüten.
Der HERR wird deinen Ausgang und deinen Eingang behütenvon nun an bis in Ewigkeit.
(Ps 121,5-8)

Dieser Beitrag wurde entnommen aus dem Buch von Barry St.Clair, Entfache das Feuer, CV, Dillenburg 2001, S. 40-50.

Josh McDowell und Bob Hostetler

Trauer

Der folgende Beitrag wurde verfasst, um Erwachsenen eine Hilfe zu geben, wie sie mit trauernden Jugendlichen umgehen können. Die Informationen und praktischen Tipps sind aber unabhängig vom Alter für jeden Betroffenen hilfreich.

Das Problem

Der Tod berührt den Menschen von der Kindheit an. Viele erleben den Tod eines Großelternteils. Einige verlieren Vater oder Mutter durch Krebs oder eine andere Krankheit. Manche haben mit dem Verlust eines Bruders oder einer Schwester zu kämpfen. Andere leiden unter dem Tod eines Freundes, Schulkameraden oder Lehrers.

Die Trauer aufgrund des Todes eines Freundes oder einer geliebten Person ist stets ein schwieriges Problem, aber sie kann im jugendlichen Alter eine besondere Herausforderung darstellen. Inmitten einer Lebensphase, die von hormonellen, seelischen, emotionalen, geistlichen und beziehungsmäßigen Umwälzungen und Krisen gekennzeichnet ist, sind Jugendliche für die seelischen Auswirkungen von Sterbefällen besonders verwundbar. Gary R. Collins schreibt über Trauer:

> Trauer ist eine wichtige, normale Reaktion auf den Verlust eines bedeutenden Gegenstands oder einer wichtigen Person. Sie ist eine Erfahrung der Entbehrung und Sorge, die sich körperlich, emotional, kognitiv, sozial und spirituell zeigen kann. Jeder Verlust kann Trauer

> mit sich bringen: Ehescheidung, Verlust des Arbeitsplatzes, Amputationen, der Tod eines Haustieres oder einer Pflanze, wenn ein Kind von zu Hause wegzieht oder ein Pastor in eine andere Gemeinde versetzt wird, Verlust der netten Nachbarn durch Umzug, der Verkauf des Autos, der Verlust eines Heimes oder eines wertgeschätzten Gegenstandes, das Verlieren eines Wettbewerbs oder sportlichen Wettkampfes, Verlust der Gesundheit und sogar der Verlust der Zuversicht oder der Lebensfreude, Zweifel, der Verlust des Glaubens, das Schwinden der eigenen spirituellen Vitalität oder auch die Unfähigkeit, Lebensinn zu finden, können allesamt zu Betrübtheit und innerer Leere führen, die auf Trauer hindeuten. Wenn ein Bestandteil des Lebens verloren geht, ist stets Trauer die Folge.
> Die meisten Diskussionen über Trauer betreffen jedoch solche Verluste, wie den Tod einer geliebten oder wichtigen Person. Mit dem Tod wird natürlich jeder konfrontiert und den Hinterbliebenen bleibt nichts anderes übrig, als zu trauern. Mit einer derartigen Trauer wird man nicht so leicht fertig ... Als Christen finden wir Trost in der Zuversicht der Auferstehung, doch mildert dies nicht die Leere und den Schmerz über die Trennung von einer geliebten Person. Wenn wir einen Verlust durch Tod erleiden, sehen sich die Trauernden einer absoluten, unabänderlichen und irreversiblen Situation gegenüber. Sie können nichts tun, was an dieser Beziehung etwas ändern würde.[1]

Trauer kann verheerend sein. Aber das ist sie manchmal umso mehr für junge Leute, sowohl aufgrund der Reaktionen der anderen als auch wegen ihres eigenen Alters und ihrer relativen Unreife. Die Autoren Joan Sturkie und Siang-Yang Tan stellen das Dilemma heraus, dem sich viele trauernde Jugendliche ausgeliefert sehen:

> Erwachsene vergessen oft zu bedenken, dass ein junger Mensch Schmerz empfindet ... Manchmal scheinen Erwachsene zu meinen, dass junge Menschen den Schmerz irgendwie nicht so sehr spüren würden. Das ist natürlich nicht wahr. Leider haben Jugendliche oftmals niemanden, der ihnen zuhört, wenn sie über ihre Gefühle reden und das verschlimmert den Schmerz noch mehr. Wenn ein Familienvater stirbt, wird die Mutter von vielen Erwachsenen getröstet, die ihre Hilfe anbieten, zuhören und für sie da sind. Doch der Sohn oder die Tochter wird häufig übersehen, insbesondere wenn er oder sie nicht erwachsen ist.[2]

Junge Leute, die mit dem Tod eines Freundes oder einer geliebten Person konfrontiert werden, sehen sich der schwierigen Aufgabe ausgeliefert, mit etwas fertig zu werden, was ein „Erwachsenenproblem" ist, während sie selbst noch mit dem Erwachsenwerden zu kämpfen haben. Die Erfahrung der Trauer ist zwar ein natürlicher Teil des Lebens, mit dem jeder früher oder später einmal zu tun hat, doch kann es sein, dass das Kind oder der Jugendliche zum ersten Mal in seinem jungen Leben Trauer erlebt – und dabei auf emotionale und geistliche Ressourcen zurückgreift, die noch nicht ausgereift sind, und auf Verarbeitungsmechanismen, die äußerst unterentwickelt sind.
Im Allgemeinen sind sich die professionellen Seelsorger einig, dass Trauer zwar natürlich, aber nicht immer gesund ist. Die normale Trauer, die sehr intensiv sein kann, umfasst häufig „tiefe Sorge, Schmerz, Einsamkeit, Wut, Depression, körperliche Symptome und Veränderungen der zwischenmenschlichen Beziehungen, die zusammen eine Entbehrungs- und Übergangszeit ergeben, die bis zu drei Jahre – oder sogar länger -dauern kann."[3]
Obwohl normale Trauer bisweilen extrem schmerzhaft – sogar explosiv – ist, ist ihr Verlauf relativ vorhersagbar und führt schließlich zu wiederhergestelltem geistigem

und emotionalem Wohlergehen. Die weithin anerkannte Arbeit von Elisabeth Kübler-Ross führt **fünf Phasen der Trauer** auf, die Sturkie und Tan wie folgt erklären:

Nicht wahrhaben wollen – die Person weigert sich zu glauben, dass der Betreffende gestorben ist. Diese Phase kann in der Dauer variieren und manche verbleiben länger darin als andere. Es handelt sich um eine zeitweilige Phase, die jedoch zu jeder Zeit wieder auftreten kann.

Zorn – der Jugendliche stellt womöglich die Frage, warum der Tod geschehen ist. Wenn die Antwort nicht offensichtlich ist, kann er oder sie aufgrund der scheinbaren Ungerechtigkeit all dessen, wütend wild um sich schlagen.

Verhandeln – das ist gewöhnlich ein Versuch, einen [nahe bevorstehenden] Tod hinauszuschieben [oder „einen Handel zu machen", der den Schmerz oder die Trauer oder die Realität der Trennung mildert] ... Das Aushandeln geschieht gewöhnlich im Geheimen, mit Gott.

Depression – wenn die ... Person die Realität des Todes erkennt, ... setzt häufig eine Depression ein.

Zustimmung – wenn die Person ... die entstandenen Gefühle und Konflikte verarbeitet hat, kann er oder sie bereit sein, die Tatsache [des Todes] zu akzeptieren.[4]

Krankhafte Trauer unterscheidet sich jedoch von normaler Trauer in ihrer Tiefe (die Symptome der Trauer sind wesentlich intensiver), in der Dauer (die Trauer hält wesentlich länger an) und im Ziel (sie führt nicht zu mentaler und emotionaler Gesundheit, sondern zu weiteren seelischen Problemen). Die Psychiater V.D. Volkan und D. Josepathal[5] stellen drei Schlüsselprozesse heraus, die krankhafter Trauer zugrunde liegen:

Splittung ist der Prozess, durch den ein „Jugendlicher dem Tod verstandesmäßig zustimmt, emotional und von seinem Verhalten her jedoch so reagiert, als sei nichts geschehen."[6] Das ist ein Vorgang, der dem Jugendlichen ermöglicht, die Phase des Trauerns zu umgehen.

Internalisation ist der Prozess, mit dem der Leidtragende versucht, seine „Beziehung zum Verstorbenen aufrecht zu erhalten, indem er die verlorene Person verinnerlicht und sich auf ihre innere Präsenz konzentriert."[7] Das ist ein Vorgang, der die Realität und Endgültigkeit des Todes leugnet.
Externalisation ist der Prozess, bei dem sich der Trauernde auf einen Gegenstand fixiert, der mit dem Verstorbenen in Verbindung steht, wie z.B. ein Foto oder ein Kleidungsstück, was dazu dient, die Notwendigkeit hinauszuschieben, den Verlust einzugestehen und damit fertig zu werden.
Collins zeigt auf, dass mehrere Dinge zu einer krankhaften Trauer beitragen können:

- Überzeugungen (das Fehlen religiöser Überzeugungen)
- Hintergrund und Persönlichkeitsstruktur („Menschen, die unsicher, abhängig und nicht imstande sind, Gefühle zu kontrollieren oder auszudrücken und zu Depression neigen, fällt es häufig schwerer, mit ihrer Trauer umzugehen."[8])
- Soziales Umfeld (Gesellschaftliche Einstellungen zum Tod, welche die Verdrängung oder schnelle Überwindung der Trauer fördern, können die Fähigkeit des Leidtragenden, mit der Trauer fertig zu werden, in hohem Maße beeinflussen – ob diese Einstellungen nun durch die Familie, eine regionale Prägung oder ethnische Tradition oder die Gesellschaft allgemein vermittelt werden.)
- Die Begleitumstände des Todes (Ein vorzeitiger Tod, eine tragische Todesursache, die Nähe des Überlebenden zum Verstorbenen, sowie weitere Umstände können den Trauerprozess intensivieren und eine krankhafte Reaktion hervorrufen.)

Die Ursachen und die Folgen

Wenn ein junger Mensch (oder irgendeine andere Person) die einzelnen Phasen der Trauer durchlebt, wird er wahrscheinlich ein breites Feld verschiedener Gefühle und anderer Auswirkungen des Prozesses erleben. Die hier erörterten Folgen von Trauer sind nicht auf die Art von Trauer beschränkt, die auf einen Sterbefall zurückgeht. Viele dieser Folgen werden erfahren, wann immer ein Verlust irgendeiner Art geschieht (z.B. der Verlust einer romantischen Beziehung). Diese Auswirkungen können intensiv sein, doch sind sie trotzdem normal und im Normalfall gesund.

Körperliche Folgen

Die körperlichen Symptome von Trauer, wie Erich Lindemann sie beschreibt (Autor einer bahnbrechenden Reihe von Interviews, Büchern und Artikeln über Trauer), werden von Dr. G. Keith Olson wie folgt gegliedert:

- schwerfällige Atmung, gekennzeichnet von Seufzern und Enge in der Kehle;
- Gefühl der körperlichen Erschöpfung und fehlende körperliche Kraft und Ausdauer;
- Verdauungsprobleme und Veränderung des Geschmacksinns, Appetitverlust, unzureichende Speichelproduktion und ein hohles Gefühl im Magen.[9]

Weitere körperliche Symptome umfassen wahrscheinlich Schlaflosigkeit (oder eine wesentlich gesteigerte Schlafzeit), Kopfschmerzen und unkontrolliertes und häufig unerwartetes Weinen.

Emotionale Folgen

Angst. „Angst und Sorge“, schreibt Olson, „sind während des Trauerprozesses gewöhnliche Reaktionen ... Sorgen wegen der Zukunft ohne den Verstorbenen sind ein Zeichen für die Abhängigkeit und Unsicherheit des Betroffenen. Angst vor der eigenen Sterblichkeit muss während der Trauerperiode ebenfalls durchlebt werden." Der junge Mensch kann ferner die Veränderungen befürchten, die aus seiner veränderten Rolle hervorgehen: der Jugendliche, der nun „der Mann im Haus" sein muss, die jüngere Schwester, die nun auf einmal die Älteste ist usw.

Schuld. Olson schreibt: „Viele, die wegen eines Sterbefalls trauern, fühlen sich zutiefst schuldig. Manche fühlen sich schuldig aufgrund vergangener Erfahrungen oder mangelnden Kontaktes zum Verstorbenen ... Andere fühlen sich schuldig, weil sie den Tod nicht verhindert haben. Manche klagen sich sogar selbst für den Todesfall an." Derartige Schuldreaktionen, schreibt Olson, „stellen einen Versuch dar, dem Gefühl nach die Kontrolle über das Leben wiedererlangt zu haben, nachdem es einen so schmerzlichen und erschütternden Schlag versetzt hatte."[10]

Hilflosigkeit. Der Tod ist nicht mehr rückgängig zu machen. Leidtragende werden sich häufig zutiefst bewusst, wie machtlos sie sind, den Tod zu verhindern oder rückgängig zu machen. Olson zeigt auf, dass „es für einen Heranwachsenden eines der inakzeptabelsten Gefühle ist, sich hilflos zu fühlen. Um gegen dieses bedrohliche Gefühl anzukämpfen, versucht der Jugendliche häufig, sich ein Gefühl der Verantwortlichkeit für das Geschehene anzueignen. Auf diese Weise wird oft Schuld der Hilflosigkeit vorgezogen."[11]

Wut. Wut ist eine normale und häufige Reaktion auf den Verlust eines Freundes oder einer geliebten Person. Sie kann auf den Verstorbenen für sein Sterben gerichtet sein, weil er den Jugendlichen „einsam gemacht" hat. Sie kann sich auch auf andere – insbesondere Erwachsene – richten, die nicht genug zur Vermeidung des Todes getan haben. Sie kann sich auch auf Gott richten, weil er etwas so Schmerzliches zugelassen hat.

Einsamkeit. „Ein tiefes Gefühl, verlassen worden zu sein, führt zu einem intensiven Bewusstsein von Einsamkeit", schreibt Olson. „Aufgrund eigener Entscheidung allein zu sein, ist eine Sache. Dazu durch äußere Umstände gezwungen zu sein ... eine ganz andere. Letzteres führt wesentlich eher zu Gefühlen der Einsamkeit. Während manche Heranwachsenden auf Trauer mit Wut reagieren, ziehen sich andere in sich selbst zurück. Karl Menninger behauptet, dass Jugendliche, die sich zurückziehen und isolieren, in einem schlimmeren Zustand sind als solche, die ihre Wut aggressiv nach außen austragen."[12]

Zweifel. Eine verbreitete Reaktion auf einen Todesfall ist die Frage „Warum?". In solchen Zeiten ist es ganz natürlich, dass man nach Erklärungen sucht und die möglichen Gründe für den Verlust verstehen will. Normalerweise ist eine befriedigende Antwort jedoch nicht greifbar, wenn nicht unmöglich. Solche unbeantworteten Fragen können zu Zweifeln führen, man kann Gottes Liebe, Gottes Weisheit und sogar seine Existenz in Frage stellen. So real die Fragen – und der Zweifel – auch sein mag, wird den meisten Trauernden weniger durch theologische und intellektuelle Erklärungen geholfen, als vielmehr durch mitfühlende Tröstung und Zusprache von anderen.

Erleichterung. Wenn der Tod nach einer Zeit der Behinderung oder Krankheit eintritt, reagiert der Trauernde häufig mit einem Gefühl der Erleichterung; das quälende Warten ist vorbei. Erleichterung kann auch dann erfahren werden, wenn der Verstorbene beleidigend, feindselig oder herrschsüchtig war, dann ist die quälende Beziehung aufgelöst. Derartige Gefühle der Erleichterung sind unter manchen Umständen ganz normal, doch können sie zu Schuldgefühlen führen oder diese steigern.

Diese emotionalen und körperlichen Auswirkungen sind natürlich nicht die einzigen die Trauer begleitenden und charakterisierenden Folgen, aber vielleicht sind es die verbreitetsten und tief gehendsten.

Die biblische Sicht

In seinem Buch *Christian Counseling* bietet Collins einen Einblick in die biblische Sicht von Trauer:

> Die Bibel ist ein realistisches Buch, das den Tod und die nachfolgende Trauer vieler Menschen beschreibt. Im Alten Testament lesen wir von Gottes Gegenwart und Trost, wenn wir „durchs Tal des Todesschattens wandern" (Ps 23,4); wir lesen Beschreibungen von Menschen, die in Zeiten des Verlustes und der Sorgen trauern (Ps 6,5-7; 137,1.5; 2Sam 12); wir erfahren, dass Gott die Trauernden stärkt (Ps 119,28) und wir lernen den Messias kennen als den „Mann der Schmerzen, mit Leiden vertraut ... Fürwahr, unsere Leiden, er hat sie getragen und unsere Schmerzen, er hat sie auf sich geladen" (Jes 53,3-4).
>
> Im Neuen Testament behandeln viele verschiedene Abschnitte Tod und Trauer. Sie lassen sich in zwei Kategorien einteilen, die beide den Einfluss von Jesus Christus behandeln.
>
> 1. *Christus hat die Bedeutung der Trauer geändert.* Es gibt viele Ungläubige, die ohne jede Hoffnung auf die Zukunft trauern. Für sie ist der Tod das Ende einer Beziehung – für immer.
>
> Doch der Christ glaubt dies nicht. In den beiden eindeutigsten Abschnitten des Neuen Testamentes zu diesem Thema (1Kor 15 und 1Thes 4) erfahren wir: „Wenn wir glauben, dass Jesus gestorben und auferstanden ist, wird auch Gott ebenso die Entschlafenen durch Jesus mit ihm bringen" (1Thes 4,14). Wir können nun „einander mit diesen Worten Mut zusprechen" (1Thes 4,18) und überzeugt sein, dass in Zukunft „die Toten ... auferweckt werden, unvergänglich [sein werden] und wir verwandelt werden" (1Kor 15,52).
>
> Für einen Christen ist der Tod nicht das Ende der

Existenz; er ist der Eingang in das ewige Leben. Wer an Jesus Christus glaubt, weiß, dass Christen „stets beim Herrn sein" werden. Noch gibt es den körperlichen Tod, denn der Teufel hat „die Macht des Todes", doch aufgrund der Kreuzigung und Auferstehung hat Christus den Tod besiegt und verheißen, dass wer an ihn glaubt, „niemals sterben wird" (1Thes 4,17; Hebr 2,14.15; 2Tim 1,10; Joh 11,25-26).

Dieses Wissen ist tröstlich, doch eliminiert es nicht den intensiven Trauerschmerz und den Bedarf an Trost. Als Paulus das Thema Tod erörtert, fordert er seine Leser auf, Mut zu fassen und nicht niedergeschlagen zu sein, da derjenige, der vom Körper getrennt ist, sich in der Gegenwart des Herrn befindet (2Kor 4,14 – 5,8). Gläubige werden ermutigt, standfest, unbeweglich und tätig im Werk des Herrn zu sein, da solche Mühen nicht vergeblich sind (1Kor 15,58), wenn wir die Zusicherung der Auferstehung haben.

2. *Christus hat die Bedeutung von Trauer demonstriert.* In der ersten Zeit seines öffentlichen Wirkens hielt Jesus seine Bergpredigt und sagte von der Trauer: „Selig sind die Trauernden, denn sie werden getröstet werden" (Mt 5,4). Trauer wurde als selbstverständlich vorausgesetzt. Offenbar wurde sie als etwas Positives angesehen, da sie in einer Liste von erstrebenswerten Eigenschaften aufgeführt wird wie z.B. Sanftmut, Freundlichkeit, Barmherzigkeit, Reinheit des Herzens und Friedfertigkeit ...

Als Lazarus starb, war Jesus traurig und zutiefst bewegt. Er akzeptierte kommentarlos den offensichtlichen Unmut, der von Lazarus' Schwester Maria ausging, und er weinte mit den Trauernden. Jesus wusste, dass Lazarus kurze Zeit später auferweckt werden würde, aber dennoch weinte der Herr (Joh 11,35). Auch als er erfuhr, dass Johannes der Täufer hingerichtet worden war (Mt

14,12-21), zog er sich zurück und trauerte. Im Garten Gethsemane war Jesus „sehr betrübt“ (Mt 26,38), vielleicht mit einer vorausschauenden Trauer, intensiver aber vergleichbar mit der Trauer Davids, als er sah, wie sein kleiner Sohn starb (2Sam 12,15-23). Von daher ist Trauer selbst für den Christen normal und gesund.[13]

Trauer ist wie der Tod selbst ein natürlicher und unumgänglicher Teil der menschlichen Erfahrung. „Ein tiefes Gefühl der Trauer zu spüren“, sagt Olson, „vorn Schmerz überwältigt und infolge eines Verlustes in völliger Verzweiflung zu sein ... ist völlig normal, gesund und im Einklang mit Gottes Plan und Schöpfung.“[14] Wie der „Prediger“ sagt: „*Für alles gibt es eine bestimmte Stunde. Und für jedes Vorhaben unter dem Himmel gibt es eine Zeit: Zeit fürs Gebären und Zeit fürs Sterben ... Zeit fürs Weinen und Zeit fürs Lachen, Zeit fürs Klagen und Zeit fürs Tanzen.*“[15]

Praktische Hilfen anbieten

Trauer ist für die meisten Erwachsenen unter uns eine schmerzliche und schwierige Erfahrung; für einen Heranwachsenden, Jugendlichen oder ein Kind kann sie noch unvorstellbar schmerzlicher und schwieriger sein. Die folgenden Mittel können einen Elternteil, Lehrer, Gemeindeleiter oder anderen Betroffenen möglicherweise helfen, einem trauernden Jugendlichen Rat gebend beizustehen. Andere betroffene Erwachsene sollten natürlich die Eltern informieren und in die Aufgabe, den Jugendlichen in dieser Trauer zu helfen, miteinbeziehen.

Zuhören. Trauernde Jugendliche suchen nicht nach – und ihnen ist nicht geholfen mit – „passenden, glatten Antworten, die ihnen jede Frage von ihren schmerzendem Herzen nehmen“.16 Was sie wollen und brauchen, ist jemand, der bereit ist, mit ihnen durch den Prozess der Trauer zu gehen, der immer für sie da ist, wenig redet, immer zuhört. Gary D. Bennett gibt einen weisen Rat:

> Fördern Sie das Weinen als eine legitime Weise ... Zeigen Sie Gefühle und tun Sie es nicht als ein Zeichen von Schwäche ab. Aussagen wie „Kopf hoch" oder „sei tapfer" sollten vermieden werden. Es ist besser, nichts zu sagen und Beistand zu bieten, als etwas zu sagen, das sich störend auf den Trauerprozess auswirkt.[17]

Obwohl die Freunde von Hiob vielfach kritisiert wurden und ihm vielleicht eher ein Hindernis als eine Hilfe waren, lohnt es sich zu bedenken, dass sie, als sie vom Tod seiner Kinder und seinem Unglück hörten, *„bei ihm auf der Erde saßen sieben Tage und sieben Nächte lang. Und keiner redete ein Wort zu ihm, denn sie sahen, dass der Schmerz sehr groß war."*[18]

Verständnis zeigen. Der Elternteil oder Jugendmitarbeiter, der einem Teenager durch einen Trauerprozess helfen möchte, sollte prüfen, welche Erfahrungen der Jugendliche in der Vergangenheit mit dem Tod gemacht und wie er darauf reagiert hat. Ist der Erwachsene sich seiner eigenen Begrenztheit bewusst? Olson sagt, dass „bei der Seelsorge an einem Trauernden einfühlendes Verständnis als eines der heilsamsten Kräfte in jeder seelsorgerlichen Beziehung ganz besonders wichtig ist ... Und einfühlende Ausdrücke des Verständnisses, der Fürsorge und der Unterstützung wirken sich beträchtlich auf den Heilungsprozess aus."[19] Gott ruft Christen auf, sich „mit den sich Freuenden zu freuen und mit den Trauernden zu trauern"[20] und andere hinzuweisen auf den „Gott allen Trostes, der uns tröstet in all unserer Bedrängnis, damit wir die trösten können, die in allerlei Bedrängnis sind, durch den Trost, mit dem wir selbst von Gott getröstet werden."[21] Das Teilen von Sorgen und das feinfühlige Anbieten von Trost gehören zu den simpelsten und effektivsten Hilfeleistungen, die man in Zeiten der Trauer geben kann.

Bestätigen. Olson schreibt:

> Ein unverzichtbarer Bestandteil der erfolgreichen Seelsorge in Trauerzeiten ist ein offenes Akzeptieren der Gefühle, Gedanken und emotionalen Äußerungen, die der Jugendliche von sich gibt. Viele sind schockiert von dem intensiven Zorn und dem abgrundtiefen Leid, die aus der Trauer hervorquellen ... Die Atmosphäre der Seelsorge muss herzlich und unterstützend sein ... Teenager brauchen nicht von liebevoller Fürsorge überfallen oder erstickt zu werden, aber sie sollten davon umgeben sein.“[22]

Der Dienst des Gebetes ist ein Schlüssel, der den Weg zu Bestätigung und Trost für einen trauernden Jugendlichen aufschließt. Beten Sie für ihn, lassen Sie ihn zuhören, wie Sie für ihn beten; lassen Sie Ihr Anliegen und Ihre Wertschätzung den Jugendlichen erreichen, indem Sie ihn zuhören lassen, wenn Sie im Gebet Ihre Herzenslast für diesen jungen Menschen ausschütten.

Richtung weisen. Der größte Teil der Hilfe, den ein Elternteil, Gemeindeleiter oder anderer Erwachsener einem trauernden Jugendlichen bieten kann, besteht im Zuhören, Einfühlen und Bestätigen. Einige richtungsweisende Hilfen können jedoch folgende sein:

- Helfen Sie dem jungen Menschen, sich mit seinem Verlust auseinander zu setzen. Das kann geschehen, indem Sie ihn ermutigen, über den Verlust zu reden, möglicherweise durch Fragen wie:
  Wie ist das passiert? Wo warst du gerade, als du es erfuhrst? Wo geschah es? Wer hat dir davon berichtet? (Bei

einem Todesfall:) Wie war die Beerdigung?

- Helfen Sie dem jungen Menschen, seine Gefühle zu identifizieren und auszudrücken. Die typischen, mit einem Verlust einhergehenden Gefühle sind Wut, Schuld, Angst und Frustration. Bedenken Sie dabei, dass die meisten Menschen ihre Gefühle nicht identifizieren oder ausdrücken, wenn man sie direkt danach fragt. Versuchen Sie stattdessen, den Ausdruck von Gefühlen zu erleichtern, indem Sie folgenderweise auf den Jugendlichen eingehen: „Ich merke, wie sehr dich das verärgert" oder „Dir geht das wirklich sehr nahe, nicht wahr?"
- Helfen Sie dem Jugendlichen, sich an den Gott allen Trostes zu wenden. Fördern Sie das völlige Vertrauen auf Gott und seine unerschöpflichen Möglichkeiten. Predigen Sie den Jugendlichen nicht an und drängen Sie ihn nicht, sondern erinnern Sie ihn freundlich daran, dass Gott „uns Zuflucht und Stärke ist, als Beistand in Nöten reichlich gefunden."[23]
- Helfen Sie dem Jugendlichen, mit dem Verlust zu leben. Leiten Sie das Gespräch durch die Schwierigkeiten, denen der junge Mensch sich nun infolge des Verlustes gegenüber sieht, und begleiten Sie ihn durch verschiedene problemlösende Methoden (Rollenspiele, „Was-wäre-wenn"-Fragen, Auflistung von Vor- und Nachteilen usw.). Versuchen Sie, seine Aufmerksamkeit von der Vergangenheit (dem eigentlichen Verlust) weg und auf die Zukunft (was muss jetzt getan werden?) hinzulenken.
- Geben Sie dem Jugendlichen Zeit zum Trauern. Trauer braucht ihre Zeit. Machen Sie sich gefasst auf die schwierigsten Phasen des Prozesses: die ersten drei Monate nach dem Verlust, die erste Jährung des Verlustes, Ferien- und Feiertage.
- Helfen Sie dem Jugendlichen, unangemessene Reaktionen auf den Verlust festzustellen und einzugestehen, wie z.B. Zurückziehen oder Zufluchtnahme zu Alkohol und

Drogen als Verarbeitungsmechanismen. Bringen Sie ihn dazu, stattdessen angemessene Hilfen zur Verarbeitung in Erwägung zu ziehen.
- Sorgen Sie dafür, dass der junge Mensch anhaltend Beistand hat. Helfen Sie bei der Regelung der vielen neuen Dinge, die auf einen Verlust folgen: Veränderungen in Beziehungen, Zeit- und Tagesabläufen usw.

Ziele setzen. Wie oben bereits nahe gelegt, besteht eine Möglichkeit, dem trauernden Jugendlichen zu helfen, darin, ihm seine Antwort auf die Frage zu entlocken: „Wie wirst du damit umgehen?“ Der betroffene Erwachsene kann eine gesunde Trauer fördern, indem er die Auseinandersetzung des Jugendlichen mit solchen Entscheidungen anbahnt, wie z.B. „Wirst du zur Beerdigung gehen?“, „Wirst du dich aktiv an der Beerdigung beteiligen?“ und „Bist du imstande, anderen Trauernden (einem Ehepartner, Familienangehörigen oder Freund des Verstorbenen) zu helfen?“. Eine derartige aktive Auseinandersetzung kann bei der Verarbeitung der Trauer ungemein förderlich sein.

Hilfe von außen. Während Eltern und andere bemühte Erwachsene einem Jugendlichen helfen müssen, mit der Trauer fertig zu werden, sind oftmals noch weitere Hilfen nötig. Olson gibt folgenden Rat:

> Weil die Pubertät in jedem Fall für den Jugendlichen ein so sehr von Aufruhr und Umwälzung gekennzeichneter Lebensabschnitt ist, bei dem er auch noch den Verlust eines geliebten Verwandten oder engen Freundes ertragen muss, ist Seelsorge dringend angeraten. Symptome können oder können auch nicht vorhanden sein. Bedenken Sie jedoch, dass die Schwere der Symptome nicht immer ein zuverlässiges Maß für die Notwendig-

keit seelsorgerlichen Eingreifens ist. Mit nur wenigen Gesprächen kann ein Seelsorger trauernden Teenagern durch den Trauerprozess helfen. Der Seelsorger kann eine entscheidende Rolle spielen beim Zuhören, Beistehen und mitfühlenden Umsorgen, wenn der heranwachsende Trauernde sich auf eine Zukunft ohne den Verstorbenen einstellt.[24]

In diesem Beitrag zitierte Bibelstellen:

Psalm 23,4
Psalm 6,5-7; 137,1.5-6
2. Samuel 12
Psalm 119,28
Jesaja 53,3-4
1. Korinther 15
1. Thessalonicher 4
Hebräer 2,14-15
2. Timotheus 1,10
Johannes 11,25-26
2. Korinther 4,14 – 5,8
Matthäus 5,4
Johannes 11
Matthäus 14,12-21; 26,38
2. Timotheus 1,10
Prediger 3,1.4
Hiob 2,13
Psalm 46,1

Weitere hilfreiche Bibelstellen zum Thema:
Psalm 116,15; Johannes 14; 1-4, 2. Korinther 1,3-7

Anmerkungen

1 W.A. Miller, „When Going to Piecex Holds You Together" (Minneapolis: Augsburg, 1976), zitiert in Collins, „Christian Counselling", S. 411-412.

2 Sturkie und Tan, „Advanced Peer Counseling in Youth Groups".

3 Collins, „Christian Counseling", S. 414.

4 Sturkie und Tan, „Advanced Peer Counseling in Youth Groups".

5 V.D. Volkan und D. Josephtal, „The Treatment of Established Pathological Mourners", Specialized Techniques in Individual Psychotherapy, Hg.: T.B. Karasu und L. Bellak (New York: Brunner/Mazel, 1980).

6 Olson, „Counseling Teenagers", S. 494.

7 Ebenda, S. 494.

8 Collins, „Christian Counseling", S. 412-413.
9 Olson, „Counseling Teenagers", S. 487.
10 Ebenda, S. 489.
11 Ebenda, S. 490.
12 Ebenda, S. 490.
13 Collins, „Christian Counseling", S. 412-413.
14 Olson, „Counseling Teenagers", S. 486.
15 Prediger 3,1.4.
16 Vance Havner, „Though 1 Walk Through the Valley" (Old Tappan, N.1.: Revell, 1974), S . 67.
17 Gary D. Bennett, „Dealing with Death", in Kesler, Parents and Teenagers.
18 Hiob 2,13.
19 Olson, „Counseling Teenagers", S. 498.
20 Römer 12,15.
21 2. Korinther 1,4-5.
22 Olson, „Counseling Teenagers", S, 497-798.
23 Psalm 46,1.
24 Olson, „Counseling Teenagers", S. 500.

Dieser Beitrag wurde entnommen dem „Handbuch Jugendseelsorge" von Josh McDowell und Bob Hostetler, Christliche Verlagsgesellschaft, Dillenburg, 2004, 2. Auflage, S.117-125.

Trauerfeier und Beerdigung als zentrale Ereignisse des Gedenkens und Abschiednehmens

Eine Kultur der Bestattung ist ein soziales Phänomen, das zu allen Zeiten und bei allen Völkern zu beobachten ist. Diese Kultur wird zwangsläufig geprägt von dem Glauben und den Überzeugungen der Betroffenen selbst. Während es früher bei uns eine ausschließlich christlich geprägte Bestattungskultur gab, spiegelt sich heute mehr und mehr der moderne weltanschauliche Pluralismus unserer Gesellschaft auch in der Bestattungskultur wider. Eine zunehmende Individualisierung der Bestattungsformen ist festzustellen. So genannte anonyme Bestattungen z. B. in Form von Urnenbeisetzungen auf einem anonymen Urnenfeld nehmen auffällig zu. Als neue Bestattungsform beginnt sich in Deutschland die sog. „Friedwald-Konzeption" durchzusetzen. Hierbei dient ein begrenztes öffentlich zugängliches Waldstück zur Unterbringung biologisch abbaubarer Urnen im Wurzelwerk der Bäume entweder an einem Familien- oder Einzelbaum. Die Angehörigen erhalten eine Art „Urkunde" über die Lage ihres Baumes, um den Ort später wieder auffinden zu können.

Die Kirchen sehen sich zunehmend in einem Wettbewerb mit alternativen Angeboten zur Bestattung Verstorbener. So bieten Bestattungsunternehmen schon länger „weltliche Trauerredner" an oder stellen auf Wunsch auch selbst die Trauerrede zusammen. Für die Gestaltung der Trauerfeier wird jede Hilfe angebo-

ten und die Berücksichtigung persönlicher Wünsche des Verstorbenen oder der Angehörigen ist dabei kein Problem.
Trotzdem suchen auch nicht kirchlich gebundene Menschen in ihrem Bedürfnis nach angemessenen Abschiedsformen u. U. doch auch nach Angeboten im Raum der Kirchen und Gemeinden und nehmen bei individuellen Gestaltungswünschen auch gerne die Hilfe „christlicher Anbieter“ in Anspruch. Hier bietet sich durchaus eine „missionarische Chance“, zumal sich aus kirchlicher Sicht Trauer- und Gedenkgottesdienste immer mehr als bestbesuchte kirchliche Veranstaltungen etablieren.
Die Trauerfeier ist auch aus säkularer Sicht unbestritten ein wichtiger Baustein im Prozess des Abschiednehmens. Ihr Ablauf wird wesentlich dazu beitragen, wie die Erinnerung an den Verstorbenen sein wird. Auch wird sie in aller Regel den Hinterbliebenen helfen, den Trauerprozess anzunehmen und darin fortzuschreiten. Die Zusammenkunft der „Trauergemeinde“ dient aber nicht nur der Abschiednahme, sondern auch der Stärkung des sozialen Zusammenhalts. Durch das Wiedersehen vieler verwandter und bekannter Personen, die man u. U. schon lange nicht mehr zu Gesicht bekommen hat, erlebt man eine Art Zeitreise durch das Leben des Verstorbenen und auch durch die eigene Geschichte. Dadurch wird allen Beteiligten bewusst, dass sie in einer Gemeinschaft „vernetzt“ und nicht auf sich alleine gestellt sind.
Für Christen verstärkt sich durch die Zugehörigkeit zur Gemeinde Gottes dieses Gefühl noch um ein Vielfaches. Über die soziale Zusammengehörigkeit hinaus besteht bei Christen eine geistliche Einheit durch den gemeinsamen Glauben und die christliche Auferstehungshoffnung. „Eingebettet“ in diesen schützenden

und stärkenden Rahmen kann sich der Charakter der Trauerfeier auf erstaunliche Weise wandeln hin zu einer Art „Festfeier“, bei der der Dank an Gott für das Leben des Verstorbenen im Vordergrund steht sowie die Hoffnung auf ein Wiedersehen bei Gott, das den Schmerz des (vorläufigen) Abschieds mildert. Die nachfolgenden Beiträge sind der Versuch, ein Bild davon zu vermitteln. Sie zeigen ein z. T. sehr persönliches Sich-Einbringen und die Offenheit, mit der sich Christen u. U. äußern können. Sie vermitteln auch das Verständnis dafür, worum es zentral bei einer durch den christlichen Glauben geprägten Trauerfeier – auch im Sinne der Reformatoren – unbedingt gehen sollte: die Verkündigung des Evangeliums an die Lebenden in der Hoffnung auf die Auferstehung Christi.

Herbert Bedenbender

IDEASPEKTRUM 42/2003 VOM 15. OKTOBER

Hat Gott uns enttäuscht?

Dass unser 27-jähriger Schwiegersohn starb, ist kein Betriebsunfall Gottes

Am 2. August 2003 starb unser 27 Jahre alter Schwiegersohn **Andreas Freischlad** an den Folgen eines Unfalls. Das Unglück passierte bei den Aufbauarbeiten zum Zeltlager der Evangelisch-Freikirchlichen Gemeinde Haiger (Hessen), also mitten im Einsatz für Gott. Zu Andreas gehören seine schwangere Frau Damaris (24, Geburtstermin im November) und Sohn Jakob (18 Monate). Zunächst hatte alles so hoffnungsvoll ausgesehen. Am Unfallort waren sofort ein Krankenpfleger, ein Feuerwehrmann samt notwendigem Beatmungsbeutel, ein Notarzt, Helikopter. Irgendwie hatte Gott vorgesorgt. In uns blieb nur die Angst, ob Andreas infolge seiner schweren Lungenverletzung und seines Herzstillstandes irgendwelche Hirnschäden haben könnte. Aber gegen die haben wir gebetet, gefastet und nochmals gebetet. Viele haben mit uns gebetet, von Neuseeland bis Amerika. Da konnte und durfte doch nichts mehr schiefgehen!

Warum darf Gott etwas nicht?

Fünf Tage später wurde aus der Angst Gewissheit. Andreas zeigte Anzeichen von Hirnschäden. Der Hirndruck führte zu der grausamen Prognose: Hirntod in absehbarer Zeit. „Gott, das kannst und darfst du doch nicht zulassen“, war mein Gedanke, meine Klage an Gott. „Einen solch fitten Ehemann, Familienvater und Gemeindemitarbeiter kannst du doch nicht wegnehmen!" Mitten im tiefen Schmerz kam uns der Eindruck, als würde Gott sagen: „Wieso kann oder darf ich Andreas nicht zu mir nehmen? Bin ich nicht Gott genug, um auch mit den Folgen für seine Familie fertig zu werden?" Danach haben wir unser Gebet verändert: Wir haben vor allem um einen offenen Himmel gebetet. Besonders für Andreas' Frau Damaris, unsere Tochter.

Andreas Freischlad † mit Frau und Sohn

Um Feinde abzuwehren

Wir haben neun Jahre in einem hinduistischen Land gelebt. Im Hinduismus, dem der Westen ja aus unerklärlichen Gründen zutiefst Tribut zollt, kommt kaum jemand auf die Idee, die Götter zu hinterfragen. Da geht es nur um eines: möglichst viele, möglichst teure Opfer bringen, damit die Götter halbwegs zufrieden sind und den Opfernden möglichst in Frieden lassen. Da dürfen Götter noch Götter sein.

Was haben wir mit Gott gemacht? Auch im Denken der Frommen! Gott darf und kann doch unsere Rahmen sprengen – weil er Gott ist! Dabei treibt er mit seinen Leuten keinen Mutwillen. Andreas hat er zu sich genommen. Uns begleitet er durch jenes Tal, wo der Tod seine langen Schatten auf uns wirft (Psalm 23). Seine Zumutungen sind nicht dazu da, um seine Leute zu prügeln, sondern um Feinde abzuwehren, um den nächsten Schritt zu zeigen, um mich, uns zu trösten. Gott ist da. Und weil Gott sich selbst in Christus einen menschlich grausigen Tod zugemutet hat, kann er die Situation verstehen.

Abschluss eines Plans

Gott hat uns enttäuscht. Das heißt: Unsere Täuschung über ihn nimmt er weg. Dazu gehören auch die falschen Vorstellungen, wie er handeln muss, dass er uns Leid und Tod in dieser Form nicht zumuten darf. Stattdessen erleben wir, dass Gott mitten in dieser schweren Situation, mitten im Unglück da ist. Es ist keine Macht der Finsternis, die Andreas umgebracht hat, sondern Gottes Plan mit Andreas ist offensichtlich hier zu einem Abschluss gekommen.

Herbert Bedenbender ist Missionsreferent am Missionshaus Bibelschule Wiedenest (Bergneustadt).

Herbert Bedenbender

Du bist!

Ein Brief für Andreas

Mitten in den turbulenten Vorbereitungen für ein Zeltlager in Haiger passiert es: Andreas Freischlad, 27 Jahre alt und leitender Mitarbeiter, wird bei Fällarbeiten von einer Baumwurzel getroffen. Er kommt schwerstverletzt ins Krankenhaus. Am 2. August 2003, nach elf Tagen Kampf um Leben und Tod, stirbt Andreas. Sein Schwiegervater Herbert Bedenbender beschreibt die letzten Tage mit Andreas.

Lieber Andreas,
es ist Samstag der 25. Juli. Seit deinem Unfall liegst du hier auf der Intensivstation des Ev. Stift-Krankenhauses Koblenz. Ist er wirklich erst drei Tage her, dieser schreckliche Unfall? Für uns ging alles so schnell; und doch wirken diese Tage wie eine Ewigkeit ... Die Ärzte haben dich in ein künstliches Koma versetzt, damit du das alles überstehen kannst. Deine so stark in Mitleidenschaft gezogene Lunge ist auf dem Weg der Besserung. Damit die Lunge sich weiter erholt, liegst du in einem Drehbett. Immer von einer Seite auf die andere, im Minutentakt, ununterbrochen. Dazu die endlos vielen Geräte, das Beatmungsgerät. Und dennoch, wir sind voller Hoffnung für dich!
***Der Anruf.** Dann um 21.00 Uhr erreicht uns jener Notruf, den wir so befürchtet haben. Wir haben zu Gott gefleht, dass er nie kommen würde. Jetzt ist er da. Bei dir zeigen sich Hirnschäden; eine Folge des Sauerstoffman-*

gels durch die Lungenverletzung. Kurz darauf treffen wir uns in der Klinik: deine Frau Damaris, dein Vater, deine Schwiegermutter und ich. In dieser Nacht eröffnet uns der diensthabende Anästhesist die unfassbare Perspektive, dass die Hirnschäden voraussichtlich in den Hirntod führen werden.

„Oh Gott, haben wir nicht genug oder nicht richtig gebetet? Das kannst du doch nicht ernsthaft zulassen ...“

Ich denke an deine 24-jährige Frau Damaris; so jung, schwanger mit eurem zweiten Kind, so voller Familienglück mit dir und dem kleinen 16-monatigen Jakob. Ich denke an dich, den idealen Schwiegersohn (und das sage ich nicht erst jetzt!), an deine aktive Mitarbeit in der Gemeinde als Jungscharleiter, als technischer Alleskönner, als Vorbild. „Gott, das kannst du nicht zulassen!“, beschließe ich, obwohl ich theoretisch weiß, dass Gott es doch kann und darf.

***Abschied.** Andreas, wir wissen nicht, wie lange du noch auf dieser Seite des Lebens sein wirst. Wir wissen nicht, wie und ob du weiterleben wirst. Damaris verabschiedet sich von dir, ihrem geliebten Mann. Das zerreißt mir förmlich das Herz. Ich verziehe mich in die Waschecke des Intensivzimmers und weine leise und doch hemmungslos. Plötzlich spüre ich eine Hand auf meiner Schulter, ich drehe mich um und sehe Damaris in die Augen. Eigentlich waren wir gekommen, um sie zu trösten. Jetzt tröstet sie mich. Dabei hatte alles doch so hoffnungsvoll ausgesehen. Selbst die Lunge heilte bestens ...*

***Das Zeltlager.** Es war dein Traum und dein Ziel. Seit 2 Jahren hast du dich mit deinem Team akribisch vorbereitet. Ihr habt an alles gedacht. Piratenlager das Thema, Schatzsuche die Hauptaktion, mit dem Ziel, den ewigen Schatz mit den Kindern zu finden. Selbst eine Piratenkapitänsuniform gehörte zur Ausrüstung. Du solltest sie eigentlich tragen. Am Montag, den 21.7.*

habt ihr das Aufbaulager begonnen, mit dem Technik-Team und einem Tross von Helfern. Am Dienstagabend bei der Arbeit am Fahnenmast passierte es. Als Mast bot sich eine umgestürzte Fichte an, die am Waldhang direkt am Eingang zum Lager lag. Du nahmst die Motorsäge und schicktest alle anderen aus dem Gefahrenbereich der Wurzel. Sicherheit war bei dir immer groß geschrieben. Lieber einmal mehr aufpassen, als einmal zu wenig, das war dein Motto. Dann sägtest du den Baumstamm zwei Meter oberhalb der Wurzel ab.

Der Unfall. *Du rechnetest wohl damit, dass die Wurzel zurück schlägt. Aber vielleicht nicht damit, dass sie sich dabei komplett vom Boden losreißt. Doch genau das geschieht. Du stürzt auf den Waldweg und der schwere Wurzelstock begräbt dich unter sich. Von der Hüfte aufwärts bis zum Kopf ... Irgendwie mag ich nicht über jene schrecklichen Minuten schreiben, die du unter der Wurzel eingequetscht bist. Du konntest kaum noch atmen und warst trotzdem bei Bewusstsein, während die andern oben mit der Motorsäge die Wurzel bearbeiten müssen. Wie hast du das erlebt? Dabei haben sie ihr bestes gegeben, die Ersthelfer, und es waren auch die richtigen Leute dabei. Ein geübter Krankenpfleger, ein Feuerwehrmann mit Beatmungsbeutel; die Motorsäge gleich einsatzbereit neben der Unfallstelle. Du musst sie wohl noch von dir geworfen haben. Der Notarzt und der Rettungshubschrauber sind schnell zur Stelle, die professionelle Erstversorgung in Koblenz ermöglichte dir das Überleben. Alles läuft so phantastisch gut ab trotz des katastrophalen Unfalls.*

Du bist nicht mehr bei uns. Aber du bist immer noch. Du bist bei Jesus.

Kein Leben, kein Sterben? *Andreas, du ahnst nicht, wie viele Menschen für dich gebetet haben! Von Austra-*

lien über Nepal, Tansania, Deutschland, bis USA und Alaska. Ich muss gestehen: Als die Christen aus Nepal und Tansania sich am Gebet beteiligten, stieg meine Hoffnung für deine Heilung noch mehr. Denn die haben keine rationalen Hemmungen, um an Wunder zu glauben. Wir, und viele mit uns, haben Gott wirklich alles zugetraut! Die Ältesten haben dich gesalbt und über dir gebetet. Deshalb haben wir es als fast selbstverständlich genommen, dass es mit dir wieder bergauf ging. Die Lunge hielt, der Riss verheilte. Unsere Hoffnung wächst von Tag zu Tag. Bis zu dem Tag, an dem der so gehasste Anruf kommt. Hirntod – kein Leben, kein Sterben? War denn alles Beten umsonst?

Geborgen. *In diesen Tagen der schwersten Krise spüren wir, dass wir dich abgeben müssen in Gottes Hände. Vielleicht wird er ja doch noch ..., aber ich spüre, wie Spekulationen um dein Leben nicht dran sind. Natürlich beten wir weiter um Heilung ... Andreas, kannst du dir diesen Zerriss vorstellen? Müssen wir dich abgeben? Können wir dich abgeben? Gibt Gott dich zurück an uns? Ich bin so dankbar für die vielen lieben Menschen, die für dich und uns in diesen Tagen beten. Wir wissen dich nun in Jesu Armen geborgen. Besonders deine Mutter hat dieses Bild vor Augen. Das macht uns Mut. Sie hat das einer der Intensivschwestern gesagt, die daraufhin meinte: „Die Geborgenheit sieht man dem Andreas an!" Wir selbst werden auf erstaunliche Weise durch diese heftigen Turbulenzen getragen. Besonders auch Damaris.*

Wie ist das eigentlich bei der Ankunft im Himmel, wo Gott alle Tränen abwischt?

Komplett bei Gott. *Wir beten in jenen letzten Tagen, dass Gott dich entweder komplett aufnimmt oder dich zurückbringt. Dass du mit beiden Beinen im Paradies sein darfst statt in der für uns quälenden Vorstellung,* *dass du durch den Hirntod weder richtig hier noch dort sein kannst. Dann, am Samstag, dem 2. August, gehst du. Nach Hause zu Gott. Komplett. Gott hat uns den schwersten Schritt abgenommen; wir brauchen uns nicht mehr mit jener schweren Entscheidung zu quälen, die Beatmungsmaschine abzuschalten.*

Was machen wir daraus ...? *Andreas, viele können es nicht begreifen. Ich auch nicht: Da setzt du dich ein, investierst Zeit für Gott, und dann das! Du wähltest die berufliche Selbständigkeit, damit du Zeit hast für Gemeinde, für Jungschararbeit, für Zeltlagerplanen und -gestalten. Und schon plagt mich die „Warum?"-Frage wie ein lästiges Insekt, das sich nicht so leicht abschütteln lässt. Wozu dient dein Unfall, dein Heimgehen? Bei allem Schmerz über dein „Nach-Hause-Gehen" stellt sich uns die Frage: Was machen wir daraus? Meinem persönlichen Schlendrian in Sachen Glauben den Kampf anzusagen. Oder dass wir als Christen Gott nicht nur als Erlöser-Gott feiern, sondern dass ER tatsächlich Herr über unser ganzes Lebens sein darf. Oder dass wir endlich verstehen, wie wichtig unser Leben als Vorbereitung für den Himmel ist – und es entsprechend ordnen. Oder dass Menschen, die Jesus noch nicht kennen, sich mit der Frage nach Sterben, Tod und ewigem Leben befassen. Gerade jetzt, wo fast ganz Deutschland über die Altersversorgung nachdenkt, frag ich mich, wieso wir die wichtigste Frage ausklammern: „Was kommt denn nach der Altersversorgung ...?"*

Trauer. *Ich habe den Eindruck, manche können uns derzeit nicht so recht verstehen und denken, dass wir keine Trauer zulassen. Weit gefehlt. Der Abschied tut so weh! Irgendwie ist das mit der Trauer so wie mit einem spitzen Stachel. Der sitzt ganz tief. Aber Gott hat dem Stachel das sonst tödliche Gift entzogen. Wir müssen an diesem Abschied nicht zugrunde gehen, weil Gott den*

Tod entmachtet hat. Der Schmerz über den Verlust ist einfach da. Der Frieden im Schmerz jedoch ist ebenso da. Gott schenkt uns aber auch Menschen, bei denen alle Dämme brechen und wir wirklich weinen können und dürfen.

Trauer ist wie ein Stachel. Er sitzt ganz tief. Aber Gott hat ihm das Gift entzogen.

***Du hättest es so gewollt** ... Deine Schwiegeroma Gretel hat bei dem Ganzen wohl den Nagel auf den Kopf getroffen: „Dieser Andreas", sagte sie, „wartet, bis das Zeltlager fast vorbei ist, und geht dann erst zu Jesus!" Da ist viel dran; wer weiß, wie sich das Lager sonst entwickelt hätte. Apropos Lager: Die Mitarbeiter haben natürlich zunächst gekämpft, ob sie das Lager überhaupt weiterführen können. Wir haben gemeinsam beschlossen, dass genau dies in deinem Sinne war. Und dann haben sie irre viel geleistet und noch mehr improvisiert. Durch deinen Unfall ist das Thema Tod und Sterben, Ewigkeit, Himmel und Gott viel stärker, viel intensiver beackert worden. Gott hat gewirkt, Kinder sind zum Glauben gekommen. Du hast die Freudenfeiern im Himmel sicherlich miterlebt, du bist ja jetzt dort.*

***Du im Himmel.** Andreas, darf ich noch einmal vorsichtig spekulieren? Wie ist das eigentlich bei der Ankunft im Himmel, wo Gott alle Tränen abwischt? Waren das Tränen der Schmerzen oder des Abschieds; oder gemischt? Du begegnest Gott in seiner ganzen Größe und Macht. War es angesichts seiner Allmacht noch schwer, ihm die Verantwortung für deine Damaris, für euren Jakob und für euer zweites Kind zu übertragen? Übrigens, du sollst wissen, dass Heinz und ich beim Abschied von dir einiges zu deiner Familie gesagt haben. Dass niemand eure Kinder als vaterlose Kinder bezeichnen soll. Du als* *ihr Papa bist im Himmel, das gibt Grund, den Kindern trotz allem Schmerz, den sie auch spüren werden, eine doppelte Vorfreude auf den Himmel zu wecken.*

Sicher bei Gott. *Andreas, dein Unfall hat verrückte Anwendungen für meinen Dienst. Wenn ich junge Menschen in Sachen Mission berate, spielt die Frage nach Sicherheit manchmal eine schwierige Rolle. Jetzt weiß ich mehr denn je, dass Sicherheit nichts mit der Frage zu tun hat, ob wir uns in Deutschland oder Afrika oder wo auch immer aufhalten. Sicherheit und die Frage nach Unfällen, Krankheiten, dem Ende meines Lebens hat zuerst mit Gott, zum Zweiten mit Gott und dann immer noch mit Gott zu tun. Ich wünsche mir und uns, diesen Punkt endlich irgendwie zu begreifen. Und dazu die Bereitschaft, das eigene Leben an Gott zu verschwenden. Und letztlich wünsche ich mir und uns ein echtes „Versöhntsein" mit der Frage nach dem eigenen „Heimgehen".*

Du bist! *Ernst Schrupp, der ehemalige Leiter des Missionshauses Wiedenest bekam einmal die Frage gestellt: „Ernst, wenn du mal nicht mehr bist, was ..." Weiter kam er nicht; denn Ernst protestierte ernsthaft und zugleich schelmisch lächelnd: „Dass ich mal nicht mehr bin, das wird niemals der Fall sein!" Lieber Andreas, genau in diesem Sinne kann ich mich von dir verabschieden. Du bist nicht mehr bei uns. Aber du bist immer noch, und du bleibst! Du bist jetzt bei Jesus. Für immer. Damaris meinte schon bald nach deinem „Nach-Hause-Gehen": „Andreas ist bei Jesus, dann muss und will ich ihm auch den Himmel gönnen". Mit anderen Worten: Dann will ich nicht nur die Magnete ausfahren und ihn mir zurück wünschen. So sehr wie sie und wir dich auch so gerne bei uns hätten. Die Lücke, die wir empfinden, tut einfach weh, die Erinnerungen an dich dagegen sind einfach schön. Ich wünsche vielen, dass sie von deinem*

Heimgehen verändert werden, sich selbst auf die Ewigkeit einstellen. Nicht als notwendiges Übel, sondern als eine echte Chance: Um irgendwann für immer bei Gott zu sein. Und ich wünsche Damaris, deinen Eltern und uns, dass wir offene Augen haben für die Allmacht Gottes. Dass wir erleben, wie sehr Gott Sorge trägt für alle Beteiligten, auch durch die Zeit der Geburt und dem Begleiten der Kinder durch dieses Leben! Das macht uns Mut zum Weiterleben. Bis zu dem Tag, an dem Jesus wiederkommt! Das wird ein Wiedersehen! Ich freu mich drauf!

Übrigens, Andreas, wenn ich einen Schluss aus dem Geschehen ziehe, dann diesen: Wenn schon Leid, Trauer, Schmerz – dann doch bitte mit Gottes Hilfe!

Herzlichst,
Dein Schwiegervater Herbert Bedenbender

PS: Zugleich möchte ich mich auch bei all den lieben Menschen herzlich bedanken, die immer noch für Damaris, die Kinder, und uns als Familien beten!

Beispiel einer Trauerpredigt (1)

Sven (Name geändert), 19 Jahre alt, wurde bei einem tragischen Verkehrsunfall aus dem Leben gerissen. Der Tod des einzigen Sohnes traf die Familie sehr hart. Besonders getröstet wurde sie durch die Tatsache, dass Sven aufgrund seines Glaubens an Jesus Christus jetzt im Himmel ist. Die Trauerfeier fand in der Kirche eines kleinen hessischen Dorfes statt, sie war überfüllt – vor allem mit jungen Leuten.*

1. Eingangsworte

Jesus Christus spricht zu Petrus: „*Was ich tue, weißt du jetzt nicht, du wirst es aber nachher verstehen.*" Mit diesem Bibelwort aus Johannes 13 darf ich alle Trauergäste im Namen der Angehörigen herzlich begrüßen. Wir nehmen gemeinsam Abschied von Sven, der am Freitag nach einem Verkehrsunfall in der Klinik verstarb. „Unfassbar und doch Gottes Wille" – so steht es auf der Anzeige.

Liebe Eltern, liebe Schwestern, liebe Großeltern, liebe Angehörige, liebe Freunde, liebe Glaubensgeschwister, liebe Nachbarn, verehrte Trauergemeinde – wir sind tief betroffen, wie der Tod einen neunzehnjährigen jungen Mann aus der Blüte seines Lebens reißt. Das bleibt aus menschlicher Sicht unbegreiflich. Svens Freunde haben es gestern mit ihrer Anzeige noch einmal auf den Punkt gebracht: „Plötzlich, für uns alle noch unfassbar, haben wir durch einen tragischen Verkehrsunfall einen geliebten Menschen verloren." Aber gleichzeitig war auch ein Vers aus dem Propheten Jesaja zu lesen: „*Deine Sonne wird nicht untergehen, denn der Herr wird dein ewiges Licht sein.*" Das ist unser Trost. Gott sei Dank – Sven hatte einen Blick über dieses Leben hinaus. Und er ist jetzt bei seinem Herrn, den er in seinen jungen Jahren als „das Licht der Welt" erkannt hat.

Liebe Eltern, ihr lieben Schwestern, ihr lieben Großeltern und alle Freunde – ich wünsche euch, dass ihr Trost und innere Ruhe und Stärke erfahrt, die letztlich nur Gott als der „Gott allen Trostes" schenken kann. Wenn unsere Menschenworte nichts mehr ausrichten, dürft ihr Gottes Worte als Trost erleben.

Bitte lasst den Trost Gottes auch an euch heran. Ich weiß das von einem Vater, der in der gleichen Situation war, wie wichtig diese Offenheit für Gottes Trost ist. Jesus Christus ruft uns heute zu: Sven ist jetzt bei mir.

Manches Mal wird uns Christen ja vorgeworfen: Ihr vertröstet immer auf den Himmel. – Ja, wir freuen uns auf die Begegnung mit Jesus Christus, aber das ist kein billiger Trost, sondern lebendige Hoffnung. Sven weiß das jetzt. So vertrösten wir uns nicht auf den Himmel, sondern werden heute schon vom Himmel her getröstet.

Das heißt nicht, dass wir heute nicht auch Fragen stellen, die schwer oder auch gar nicht zu beantworten sind. Aber gerade unsere ungelösten Fragen im Zusammenhang mit Leid und Tod, sind eine Chance, über unsere Existenz nach dem Tod nachzudenken. Von unserem Bekenntnis zu Gott, der Wege führt, die wir als Menschen längst nicht immer verstehen, wollen wir zunächst auf Wunsch der Familie gemeinsam singen: „Weiß ich den Weg auch nicht, du weißt ihn wohl".

2. Traueransprache

Liebe Eltern,

Gott, der Herr, der Schöpfer, der allem Leben gibt, schenkte euch nach zwei Töchtern euren Sohn Sven.

Sven stand mit seinen 19 Jahren kurz vor dem Abschluss seiner Ausbildung. In der Firma wurde sein kameradschaftliches Verhalten und seine Wertschätzung den Vorgesetzten gegenüber sehr geschätzt.
Das schreckliche Ende eines kurzen Lebens wirft viele Fragen auf, die wir heute auf keinen Fall alle beantworten können. Die Frage nach dem Leid gleicht einer gefährlichen Klippe in der Brandung, an der manches Schiff zerschellt ist. Aber wir können uns von Gott einen Weg durch die gefährliche Klippen zeigen lassen. Und den gibt es. Sonst würden wir nicht angesichts des Todes vom Leben reden.
Alexander Solschenyzin, russischer Nobelpreisträger für Literatur, wurde einmal gefragt, woran der Kommunismus gescheitert sei. Er antwortete so: Weil er keine Antwort hat auf die Frage nach der Schuld, nach dem Leid und nach dem Tod. – Die Bibel beantwortet die drei Fragen nach Schuld, Leid und Tod.
Der Tod von Sven fordert uns heraus, darüber nachzudenken. Er wirft nicht nur existentielle Fragen auf, sondern stellt auch unseren Glauben auf den Prüfstand. Im Leid bewährt sich der Glaube. Leid ist ein Ruf zum Vertrauen. Und plötzlich geht es gar nicht mehr um die Beantwortung aller Fragen, sondern um unsere Grundeinstellung Gott gegenüber. Als Hiob, dem Mann des Leidens, alles genommen wurde, auch seine Kinder, sagte er: „*Der Herr hat gegeben, und der Herr hat genommen, der Name des Herrn sei gepriesen.*“ (Hiob 1,21). Lesen lässt sich das leicht, aber es selbst erleben und dann noch aussprechen, setzt tiefes Vertrauen in den Gott voraus.
Als ich euch vorgestern besuchte, hat mich eine Aussage besonders beeindruckt. Da war zunächst die Frage: „Warum unser Junge?“ Aber dann sagtet ihr: „Aber stellt euch vor, es wäre ein anderer Junge gewesen, der nicht

geglaubt hat. Sven ist jetzt im Himmel!" Ich freue mich, dass ich bei euch diese Haltung erleben durfte und dass ihr damit auch anderen ein Vorbild sein dürft. So ist neben der schulischen Laufbahn von Sven die geistliche wichtiger. Durch euch lernte Sven schon als Kind Jesus Christus kennen. Später traf er bewusst eine Entscheidung, mit Jesus Christus zu leben. Er las in seiner Bibel und besuchte mit euch die Christliche Gemeinde. Die persönliche Beziehung zu Jesus Christus fand bei Sven nicht nur ihren Ausdruck in seinem freundlichen Wesen, sondern vor allen Dingen in seinem Wunsch, dass auch seine Freunde den Weg mit Jesus gehen sollten. Es wäre für ihn die größte Freude, wenn durch seinen Tod seine Freunde zum wahren Leben finden würden.
Über der Anzeige steht der Bibelvers aus 1. Korinther 15,10: „*Durch Gottes Gnade bin ich, was ich bin, und seine Gnade an mir ist nicht vergeblich gewesen.*" Das konnte Sven in seinem jungen Leben bezeugen. Was bedeutet das? Zur Beantwortung dieser Frage nenne ich zwei Punkte:

1. Gott will nicht, dass einer verloren geht.
Wenn wir einen Sarg sehen, werden wir daran erinnert: Die letzte Station des irdischen Lebens ist der Tod. Allzu schnell verdrängen wir diese Tatsache. Mitten im Leben wollen wir nicht daran denken. Wir wollen leben, nicht sterben. Das wollte Sven auch. Aber – wir wissen alle um die Tatsache des Todes. Und mitten im Leben denken wir selten darüber nach. Heute müssen wir es.
Wenn es heißt: Gott will nicht, dass einer verloren geht, dann fragen wir zurecht: Was heißt denn überhaupt „verloren gehen"? Die Frage können wir nur beantworten, wenn wir wissen, was der Tod ist. Tod hat in der Bibel immer mit Trennung zu tun. Da wir von verschiedenen Bereichen getrennt sein können, unterscheidet

die Bibel zwischen dem leiblichen und dem geistlichen Tod. Wir sind getrennt von Sven, weil durch den physischen Tod eine Trennung zwischen seinem Körper und seiner Seele stattgefunden hat. Aber der Tod ist nicht die Endstation des Seins. Tod ist nicht das Aufhören der Existenz.

Zwischen Mensch und Gott besteht von Natur aus eine Trennung, und zwar durch die Sünde. Von Gott her gesehen, ist der Mensch deshalb geistlich tot ist, d.h., er ist als Sünder von Gott getrennt. Von Gott getrennte Menschen sind im biblischen Sinne für immer verloren.

Gott will jedoch nicht, dass ein Mensch verloren geht. Er liebt uns. Sven hat daraus seine Konsequenzen gezogen. Er hat Gott um Vergebung seiner Sünden gebeten und Jesus als Herrn seines Lebens angenommen. Dadurch wird die Trennung von Gott aufgehoben. Und deshalb ist er jetzt bei Gott.

Damit hat er sozusagen die beste Versicherung abgeschlossen, die man überhaupt abschließen kann. Denn heute hilft ihm nicht die Versicherung, für die seine Eltern oder der Halter des Unfallwagens eingezahlt haben. Wenn wir an diesem Punkt unseres Seins – dem Tod – angekommen sind, hilft uns keine noch so gute Unfall- oder Lebensversicherung, sondern nur die Sicherheit in Jesus Christus. Allein auf sich gestellt, ist der Mensch ohne Hoffnung. Aus dem Zustand der Trennung von Gott können wir aus eigener Kraft nicht heraus. Wir sind auf Gnade angewiesen. Und deshalb tut es so gut, zu hören: Gott will nicht, dass einer verloren geht.

2. Gott will Menschen bei sich haben, indem er sie zu Jesus Christus ruft.

Das ist das Geniale an der biblischen Botschaft. Gott wird Mensch in Jesus Christus. Das ist Gnade.

Gott lädt ein zum Leben. Leben, das über den Tod hinaus Bestand hat, ewiges, göttliches Leben. Dieses Leben ist nicht abstrakt, nicht theoretisch, sondern greifbar und erfahrbar in der Person Jesus Christus. Neues Leben nur durch ihn! So wird der geistlich Tote lebendig. Und das hat Sven erfahren.
Die Beziehung zu Jesus Christus bewahrt uns nicht vor dem leiblichen Tod, aber vor dem ewigen, d.h. vor der endgültigen Trennung von Gott. Zu wissen, ich bin bei Jesus Christus geborgen, zu wissen die Gemeinschaft mit ihm hat Bestand, weder Krankheit noch Tod können mich von meinem Herrn Jesus trennen – das gibt dem Leben eine neue Perspektive über den leiblichen Tod hinaus.
Hier finden wir im Gegensatz zur Idee des Kommunismus, im Gegensatz zu allen Religionen die Antwort. Die Antwort auf die wirklichen Probleme des Lebens ist keine Ideologie oder Religion. Gottes Antwort ist eine Person: Jesus Christus.
Aber wie kann man eine Beziehung zu Jesus Christus knüpfen?
Wir müssen zunächst einmal vor Gott zugeben, dass wir uns selbst nicht helfen können. Die Bibel spricht darüber hinaus von Buße. Buße ist das Bekenntnis meiner Sünde und Erlösungsbedürftigkeit vor Gott. Buße ist das klare NEIN zu dem alten Leben ohne Gott. Buße ist Umkehr zu Gott, raus aus dem Zustand der Trennung von Gott hin zu Gott.
Die Botschaft, die Sven euch allen zurufen würde, ist: „Glaube an den Herrn Jesus und du wirst errettet werden." Kein Sakrament, keine Gemeinde- oder Kirchenzugehörigkeit rettet, nur Jesus Christus. Viele von uns haben den Luther-Film gesehen: *solus christus* – allein Jesus Christus, *sola gratia* – allein die Gnade, *sola fide* – allein der Glaube. Der Glaube ist die Annahme des

größten Geschenkes, was Gott uns Menschen macht: Vergebung der Sünde und neues Leben in Jesus Christus. Wer dieses Geschenk annimmt, bei dem ist die Gnade nicht vergeblich gewesen.
Ich weiß aus eigener Erfahrung, dass wir angesichts des Todes eher bereit sind, über Gottes Gnade und unseren verlorenen Zustand nachzudenken. Angesichts des Todes werden die wirklich wichtigen Dinge groß. Mir selbst wurde das offene Grab meines Großvaters zum Segen. Sein Beerdigungstag wurde mein Bekehrungstag. Dieser Tag heute – ein Tag der Trauer – ist eine besondere Chance. Vielleicht die letzte. Wir haben an Sven gesehen, wie schnell das Leben auf dieser Erde zu Ende sein kann.
Wenn Sven heute zu uns reden könnte, würde er uns bestimmt sagen: „Ich sehe Jesus Christus, meinen Erlöser. Hier ist es viel schöner, als ich es mir je vorgestellt habe. Es wäre toll, wenn alle meine Freunde, alle, die ich in den 19 Jahren kennen gelernt habe, auch mal hier in die himmlische Wohnung einziehen könnten. Glaubt an den Herrn Jesus, damit ihr nicht verloren bleibt. Nur wer hier Jesus Christus als seinen Retter und Herrn annimmt, kommt in den Himmel. Es gibt keinen anderen Weg."
Liebe Trauergemeinde, das ist unser Trost: Sven ist schon am Ziel. Er darf den Herrn Jesus sehen. Die letzte Antwort Gottes auf alles Leid dieser Welt ist die Tatsache der Auferstehung. Sven lebt und viele mit ihm, die bereits von dieser Erde gegangen sind. Die Frage, wo wir die Zeit nach unserem Tod zubringen – für ewig, für alle Zeit – müssen wir hier beantworten. Alles entscheidet sich an unserem persönlichen Verhältnis zu Jesus Christus. Gott will nicht, dass jemand verloren geht und in der immerwährenden Trennung von ihm bleibt, sondern er will, dass wir eine Wohnung im Himmel beziehen. Deshalb ruft der Herr Jesus, der Sohn Gottes,

uns zu: „Kommt her zu mir, die ihr mit unvergebener Schuld belastet seid und inneren Frieden sucht." Dieser treue Herr wird alle, die mit ihm leben und ihm nachfolgen, ans Ziel bringen. Und dann – ich komme zurück auf das erste Bibelwort von der Anzeige – werden wir verstehen, warum er uns so geführt hat.

Gott will euch trösten und stärken in der Zeit, die nun kommt und gewiss nicht leicht sein wird. Bei ihm dürft ihr eure Not abladen im Gebet. Das ist eine großartige Chance. Nehmt dieses Angebot Gottes an!

Der Herr tröste euch und segne uns alle! Amen.

Die Traueransprache hielt Hartmut Jaeger (Haiger).

Beispiel einer Trauerpredigt (2)

Der Verstorbene war sein Leben lang bewusst kein Christ. Er lehnte kategorisch alles, was mit Gott und dem Glauben zu tun hatte, ab. Im Verlauf seiner Ehe wurde seine Frau gläubig, während alle Kinder bis heute auch Gott ablehnen. Der plötzliche Herztod mit 61 Jahren traf die Familie und den großen Freundeskreis hart. In dieser Situation bat die gläubige Ehefrau darum, trotz der Ablehnung durch die weitere Familie, eine Trauerfeier zu halten, die auf Gott hinweist. Diese Trauerfeier fand in den Gemeinderäumen einer christlichen Gemeinde statt. Der Verstorbene war sehr bekannt, weil er auch in der Kommunalpolitik ehrenamtlich tätig war. Mehr als 160 Trauergäste waren gekommen. Die Traueransprache berücksichtigt diese Umstände.

1. Eingangsworte

Wir hören zu Beginn dieser Trauerfeier ein Bibelwort. Es ist eine Lebenserfahrung von David, der König von Israel war. In Psalm 103 schreibt David: „*Wie sich ein Vater über Kinder erbarmt, so erbarmt sich Gott über die, die ihn fürchten. Denn er kennt uns genau, weiß, dass wir Staub sind. Der Mensch – wie Gras sind seine Tage, wie die Blume des Feldes, so blüht er. Denn fährt ein Wind darüber, so ist sie nicht mehr, und ihren Ort kennt sie nicht mehr. Die Gnade des HERRN aber währt von Ewigkeit zu Ewigkeit über denen, die ihn fürchten*“ (Psalm 103,13ff).

2. Gebet

Großer Gott, Vater im Himmel, du kennst uns Menschen. Du weißt, wer wir sind. Du weißt auch wie wir sind. Du kennst unsere Vergänglichkeit und unsere Grenzen. Du kennst unsere Sehnsucht nach Leben. Du willst uns kleinen und oft hilflosen Menschen als großer mächtiger Gott das geben, was wir brauchen. Du willst uns helfen. In guten und an traurigen Tagen. Du willst auch heute zu uns reden. Als gnädiger Gott, der uns sucht. Hilf, Herr, dass wir uns finden lassen. AMEN!

3. Ansprache

Wir haben uns hier zur Trauerfeier für Hartmut Hofsommer* (Name geändert) zusammengefunden, um Abschied zu nehmen, um uns an ihn dankbar zu erinnern und um wirklichen Trost und Antworten auf unsere Fragen zu bekommen.
Es schmerzt, und es tut sehr weh, wenn der plötzliche Tod eine Lücke für immer reißt, wenn nach einer langen Ehe der Ehepartner nicht mehr da ist, wenn seine Gegenwart als Vater, Bruder, Schwager und Freund fehlt. Wenn seine Stimme nicht mehr gehört wird. Ja, wir dürfen betroffen sein, denn als Menschen merken wir, dass der Verlust eines lieben Menschen Fragen an das Leben stellt. Fragen, die uns sehr überfordern, Fragen, die aber auch nach Antworten suchen.
Diese Trauerfeier findet auf Wunsch der Ehefrau mit einer gewissen christlichen Ausrichtung statt. Wir wissen, dass Hartmut Hofsommer enttäuscht war von jeder Art von Christentum, wenn es nur noch als äußere Form vertreten wurde. Darum gehörte er bewusst zu keiner christlichen Kirche oder Gemeinde. Er stand zu dieser Meinung, und ich respektiere diese ehrliche Haltung. Ich weiß, wie man mit ihm über viele Themen des Lebens wohltuend streiten konnte. Und immer wieder merkte man doch, dass Hartmut Hofsommer jemand war, der nach dem Leben suchte, nach dem Lebenssinn. Nach dem ganz Großen im Leben. Und in schwierigen Situationen hat der Verstorbene seine Frau aufgefordert zu beten.

Hartmut Hofsommer wurde am 2. Oktober 1941 in Kreisau (im heutigen Polen) geboren. Nach der Schule folgte eine landwirtschaftliche Ausbildung mit weiteren Zusatzausbildungen. 1945 flüchtete Hartmut Hofsommer mit seinen Eltern in den Westen, und im Jahre 1958 wurde das Anwesen erworben, wo der Verstorbene mit seinen Eltern und seinen drei Geschwistern lebte. In den Jahren 1960-1970 war der Verstorbene bei verschiedenen Firmen angestellt, und auch als Entwicklungshelfer beim Deutschen Entwicklungsdienst in Obervolta, in Afrika.
Im Herbst 1970 begann Hartmut Hofsommer seine Tätigkeit als landwirtschaftlicher Versuchstechniker. Diese Tätigkeit war eine große Herausforderung für den Verstorbenen. Mit sehr großem Einsatz hat er für seine Firma gearbeitet und gelebt. Durch Rationalisierungsmaßnahmen endete im Jahr 2000 diese Tätigkeit. Das war für unseren Verstorbenen ein harter Schlag, denn er übte seinen Beruf mit ganzer Seele aus. Sehr lange hat er an dieser Situation gelitten, und ich erinnere mich an lange Gespräche mit ihm über diesen Sachverhalt. Seit 1986 arbeitete Hartmut Hofsommer im Ortsrat mit.
Hartmut Hofsommer heiratete im Jahr 1971. In dieser Ehe wurden 4 Kinder geboren. Für die Familie sorgte Hartmut Hofsommer so gut, er konnte. Sein Haus war für Gäste immer offen. Gäste erfreuten Hartmut Hofsommer in hohem Maße. Viele erinnern sich dankbar an Stunden und Tage im Hause Hofsommer. An große Geburtstagsfeste und an die herausragende Feier der Silberhochzeit. Gewissenhaft pflegte er zusammen mit der Familie das große Anwesen. Das Anwesen war seine Heimat. Hartmut Hofsommer war vorbildlich hilfsbereit. Auch die Christliche Gemeinde war oft Gast auf dem Anwesen, um Feste zu veranstalten.
Niemand ahnte, dass das Leben von Hartmut Hofsommer im Alter von 61 Jahren am 2. März 2003 durch einen

Herzinfarkt plötzlich enden würde. Was bleibt, ist die dankbare Erinnerung an den Ehemann, Vater, Bruder, Schwager und Freund.
Nun wollen wir noch auf Jesus Christus hören. Er sagt im Evangelium Johannes: „*Ich bin gekommen, damit sie Leben haben und es in Überfluss haben*“ (Johannes 10,10).
Die Bibel gibt uns im Vergleich mit allen Religionen die umfangreichsten Informationen über uns Menschen. Sie beschreibt uns Menschen als Wesen, in denen eine unstillbare Sehnsucht nach Leben und nach Glück ist. Die Bibel beschreibt uns in der Urgeschichte des Menschen, woran das liegt: Gott schuf uns in seinem Bild. Ihm ähnlich! Wir sind nicht nur hoch entwickelte Materie, die für eine bestimmte Zeit leben soll, sondern wir sind auf Gott hin entworfen.

Was heißt das?
Das heißt, dass unser Leben kein sinnloses Schicksal ist. Sondern wir sind im Bild des ewigen großen Gottes geschaffen. Ich rede von dem lebendigen Gott, der das Universum und das Trillionen-Heer der Sonnensysteme schuf. Ein Naturwissenschaftler sagt, dass ein Computer, der 10 Milliarden Sterne in 1 Sekunde erfassen kann 30 Millionen Jahre arbeiten müsste, um alle zu registrieren. So groß ist dieser Gott. Diesen großen Gott können wir allerdings mit unserem menschlich begrenzten Denken nicht erfassen und auch nicht beweisen. Aber mit diesem Gott haben wir es zu tun!
Das erklärt den Tatendrang des Menschen. Das erklärt die Sehnsucht nach dem Großen, nach dem, was uns überwältigt und ausfüllt. Darum ist es typisch für den Menschen, letzte Fragen zu stellen. Ein Tier fügt sich dem Kreislauf des Lebens. Nicht so der Mensch! Irgendwann kommt der Augenblick, dass wir aufschreien und fragen: Woher komme ich? Warum lebe ich? Wohin gehe ich?

Zum Glück des Menschen gehört es, Antworten auf letzte Fragen zu finden. Eher können wir das Atmen einstellen, als die drängenden Sinnfragen dauerhaft zum Schweigen zu bringen. In jeder Kultur, in jeder Religion, in jedem Naturvolk lebt

- eine Sehnsucht nach dem Ewigen,
- eine Sehnsucht nach dem Glück,
- eine Sehnsucht nach dem verlorenen Paradies.

Es ist die Erinnerung an Gott, der uns schuf.

Wo ist dieser Gott?

Haben wir nicht manche Zweifel an diesen Gott? Warum gibt es denn Mühsal und den Tod? Warum gibt es Krankheit? Warum gibt es diese Widersprüche? Wo war Gott in Erfurt? Wo ist Gott, wenn Menschen sich bekriegen? Wo ist Gott, wenn wir sterben müssen? Wo liegt der Grund für unser Dilemma?

Die meisten Weltanschauungen haben darauf keine befriedigende Antwort. Die Bibel sagt zum Glück nicht: So ist das Leben nun mal. Füge dich deinem Schicksal. Die Urgeschichte des Sündenfalls nennt nur einen Grund für alle Widersprüche des Lebens, für alle Schrecklichkeiten: Wir haben uns von Gott getrennt. Das beschreibt die Bibel als Sünde.

- Darum gibt es keine heile Welt mehr.
- Darum gibt es keinen Frieden mehr.
- Darum gibt es Leid.
- Darum gibt es auch den Tod.

Haben wir, als wir Gott verloren auch das Leben verloren? Das Glück, und die Liebe verloren? Hat der evangelische Theologe Helmut Thielicke Recht, wenn er sagt: Das größte Dilemma des Menschen ist der Verlust der ewigen Liebe Gottes? Leben wir nur noch ein reduziertes Leben?

Alle diesseitigen Dinge sind mangelhaft. Sie sind vor-

läufig und ein Provisorium. Sie schreien nach Wiederholung. Sie schreien nach Steigerung.
Jesus Christus gibt uns neues Leben! *„Ich bin gekommen, damit sie Leben haben und es in Überfluss haben“* (Johannes 10,10).
Trotz aller Zweifel, die wir an Gott und Jesus Christus haben, sagt uns die Bibel, dass sich Gott niemals mit unserer Situation abgefunden hat. Er hat die Lösung durch Jesus Christus geschaffen. Jesus Christus überwindet unsere Trennung von Gott. Er ist die Brücke zu Gott. Zum Leben.
Aber diese Lösung zwingt uns Gott nicht auf. Er hat uns als freie Menschen geschaffen, die in eigener Verantwortung leben.
Aber wer persönlich ihm glaubt, auf Jesus Christus zugeht, sein Misstrauen aufgibt und sich mit seinem Leben ihm anvertraut, findet Vergebung der Sünden und wieder das Leben. Der findet Gott, der findet den Lebenssinn und das ewige Leben, das Jesus Christus allein geben kann.
Darum besiegte Jesus Christus am Kreuz von Golgatha das Böse und den Bösen, der uns in die Finsternis führte. Jesus Christus überwand die Sünde und den Tod.
Christen sind eigentlich Menschen, die gerne an den glauben, der sich für uns vergängliche Menschen zu Tode geliebt hat, damit wir Leben bekommen. Sie entscheiden sich rechtzeitig in dieser Erdenzeit, jetzt, für Jesus Christus, der der Tod überwand und uns Menschen Leben im Überfluss geben kann: Hier auf dieser Erde; und was noch wichtiger ist: ein Leben mit ihm in Ewigkeit.
Wirklichen Trost geben uns Gott und Jesus Christus. Jesus Christus gibt uns die Hoffnung der zukünftigen Welt. Diesen Trost erfährt jeder, der Gott kennt, welcher der Gott des Trostes ist.
Dir (Ehefrau des Verstorbenen) wird dein Gott helfen.

Er wird für dich sorgen. Er will das für uns alle tun, weil er uns liebt. Amen.

4. Gebet

Herr Jesus, hilf uns, dass wir das begreifen und annehmen, was du uns geben willst. Hilf, in unseren Zweifeln klar zusehen. Hilf, dass wir dich in unser Leben lassen. Du bist wirklicher Trost, du bist Schutz und Hoffnung. Wir befehlen dir die Angehörigen an. Tröste sie und schenke uns allen deine Gnade. AMEN!

Die Traueransprache hielt Dieter Ziegeler (Basdahl).

Dieter Ziegeler, Jahrgang 1943, Verheiratet, drei Kinder, nach einer pädagogischen Ausbildung tätig als Jugendreferent, ist seit 1999 Schriftleiter der Monats-Zeitschrift der Brüdergemeinden „Die Wegweisung" (seit 2001 „Perspektive").

Willi Rapp

Der Dienst des Verkündigers bei der Beerdigung

Anregungen und Hilfen für eine Trauerfeier

Es muss beachtet werden, dass zuerst der seelsorgerliche Dienst gefragt ist. Sicher erbitten wir das besonders für die Verkündigung am Tag der Beisetzung, aber auch vorher ist seelsorgerliche Begleitung nötig. Das geschieht am besten bei einem Besuch der im engeren Sinn betroffenen Familie. Es ist hilfreich, wenn dieser Besuch mit der Familie so abgestimmt wird, dass zum Zeitpunkt des Treffens nicht gerade die Nachbarschaft, Freunde und mehrere Gemeindeglieder anwesend sind. Es muss bedacht werden, dass Menschen, die dem Verstorbenen nahestanden, vielleicht noch offene Fragen haben. Vielleicht war in einem Fall Versöhnung nicht mehr möglich. Manchmal wird es Einzelnen oder der ganzen Familie bewusst, dass der Weg nun sehr einsam wird. Hier ist Trost gefragt. Wir dürfen damit rechnen, dass der Heilige Geist „der Tröster" ist, aber es soll durch uns geschehen. Das dürfen wir erbitten.

Die Rede bei der Trauerfeier soll eine Botschaft Gottes sein. Das gilt auch für die Verkündigung in einer „ungewöhnlichen" Situation:

a. *Wir werden um den Wortdienst bei der Beerdigung eines Menschen gebeten, der keiner Kirche angehörte und offensichtlich auch kein Christ war.* Vielleicht gehört auch niemand aus der betroffenen Familie zur Gemeinde. Er war z. B. ein edler Mensch und in der Stadt bei vielen als Geschäftsmann bekannt. Da ist es wichtig, dass verantwortliche Glieder der Gemeinde für diesen Dienst beten und einige zur Beerdigung mitgehen. In solchen Fällen ist meistens kein Gesang möglich. Ich bitte dann den Organisten, leise die Melodie eines bekannten Kirchenliedes zu spielen, während ich einige Liedverse langsam lese (z.B. aus dem Lied „Befiehl du deine Wege"). Nach der Predigt eignet sich sehr gut: „Ach, mein Herr Jesus, wenn ich dich nicht hätte".

In der Predigt zeichne ich den Lebensweg des Verstorbenen nach. Ich spreche von positiven Dingen und sage, dass mir die Angehörigen einiges erzählt haben. In einem Fall las ich den Schlussteil der Bergpredigt (Haus auf Felsen – Haus auf Sand; Matthäus 7,24-27). Die Botschaft macht deutlich: Es hat jetzt keinen Wert zu fragen, worauf der Verstorbene sein Lebenshaus baute. Das bewertet Gott. Wir Lebenden stehen jetzt vor der Frage: Worauf habe ich das Haus meines Lebens gebaut, wenn der letzte Sturm mich „anbläst" und mein Leben „ausbläst"?

Im Gebet steht auch in diesem Fall der Dank für das, was Gott in dieses Leben hineingelegt hat, im Vordergrund. Es muss hörbar werden: „Du, Herr, hast ihn geschaffen und abgerufen." Die Bitte zielt darauf. „Herr, lehre uns bedenken, dass wir sterben müssen."

b. *Beerdigungsdienst bei einem gläubigen Christen, der aber seit Jahren nicht mehr zur Gemeinde gehörte.* Die Frau und die Kinder sind Glieder der Gemeinde. Wir müssen der Familie beistehen. Es muss nicht alles bei dieser Beerdigung gesagt werden, was wahr ist – aber alles, was gesagt wird, muss wahr sein. Vorsicht mit Lob und Beschönigungen. Es ist gut, wenn möglich, vorher die Predigt mit einem Familienmitglied und mit einem verantwortlichen Mitglied der Gemeinde durchzusprechen.

Wir müssen bei der Predigt zugeben, dass Fragen offen bleiben: Hatte er keine Kraft zur Umkehr, oder wollte er nicht? Unser Gott weiß mehr als wir – er ist gerechter als wir – er ist barmherziger als wir. Er ist der alleinige Richter für uns alle. Der Trost für die Angehörigen muss erbeten werden und gewollt sein. Wir merken, hier kann man nichts nachmachen oder einfach lernen – wir müssen die Botschaft empfangen, aber wir brauchen einen Rahmen, gerade beim „Sonderfall".

Die „normale" Beerdigungsfeier bei einem gläubigen Christen

a. Sie wird immer wieder unterschiedlich sein müssen.
Das Alter des Verstorbenen, sein Zeugnis als Christ und vieles andere spielen eine Rolle. Es müssen drei Bereiche beachtet werden:

- Der Verstorbene mit seinem Lebensweg, vielleicht auch mit seinem Leidensweg.
- Die Angehörigen: Oft verlieren sie viel.
- Die Gäste: Einige kommen vielleicht nur, weil sie verpflichtet sind (Nachbarschaft, Beruf usw.). Einige kommen sicher, weil sie dem Verstorbenen etwas verdanken oder weil sie ihm Hilfe sein konnten.

b. Der Verkündiger muss sich entscheiden:
Komme ich von einem Bibelwort her auf den Verstorbenen zu sprechen, oder spreche ich zuerst von dem Verstorbenen und richte dann den Blick auf das Wort der Heiligen Schrift? Ich gebe zu, dass ich gern vom Bibelwort ausgehe. Aber gerade in schweren Fällen muss ich oft den umgekehrten Weg gehen. Da muss die Frage der jungen Witwe, der Kinder und der Veränderung im Familienkreis aufgenommen werden. Ich muss vielleicht auf die Frage eingehen, die ein plötzlicher Tod aufwirft; da gibt es gerade bei Freunden, die nicht gläubig sind, Fragen. Ich erinnere dann gerne an die Aussagen in einem Liedvers: „Schneller Tod – böser Tod". Ich kann vielleicht sagen, warum wir bei diesem Verstorbenen diese Sorge nicht haben. Aber ich darf bei solchen Aussagen nicht so reden, als wüsste ich auf alle unerforschlichen Wege Gottes eine Antwort.

In jeden Fall muss hörbar werden:

- Der Ernst des Todes für uns alle, die wir hier zusammen sind. Niemand kann dann noch etwas ändern. Jedes Sterben ist ein Anruf Gottes an uns alle, in Familie und Nachbarschaft, in der Gemeinde und bei den Mitarbeitern.
- Jesus Christus ist auch bei diesem Tod nicht sprachlos; darum hören wir auch in den schwersten Stunden auf sein Wort. Er hat selbst im Tod Macht über uns alle – er wird alle auferwecken.
- Dazu Worte der Heiligen Schrift lesen, besser auswendig sagen und die Hörer ansehen. Wir müssen die Bibelstellen nicht nach Brief, Kapitel und Vers nennen, das merkt sich kaum jemand. Man kann sagen: „Jesus Christus spricht ..." oder „der Apostel ..." usw.
- Das Wort über der Todesanzeige muss in der Predigt wenigstens deutlich vorkommen, auch wenn ein anderes Schriftwort Predigttext ist. Die Angehörigen haben sich bei der Textwahl etwas gedacht, dem müssen wir Rechnung tragen.
- Die Hoffnung der Christen, auch dieses Christen, muss so gepredigt werden, dass sie gehört und verstanden wird. Auch die Gemeindefremden sollen verstehen, was gesagt wird.
- Jeder Tod ist eine Botschaft an uns, auch dieser Tod. *„Es ist den Menschen bestimmt, einmal zu sterben, danach aber das Gericht"* (Hebräer 9,27). Auf diesem Hintergrund kann und muss die Einladung zur Rettung durch Jesus Christus ausgesprochen werden. Aber es muss taktvoll und nicht plump geschehen. Menschen, die durch ein schweres Schicksal plötzlich in innere Bedrängnis gerieten, dürfen wir nicht mit dem Evangelium bedrohen, sondern wir bieten es als heilende Hilfe an. Ablehnung dieser Hilfe ist nicht Schicksal, sondern Schuld.
- Der Trost für die Angehörigen darf nicht billig sein. Wir dürfen zugeben, dass für einige Angehörige des Verstorbe-

nen für eine Zeit, vielleicht für immer, eine Lücke bleiben wird, die schmerzt. In irgendeiner Form kann dann gesagt werden, dass Jesus Christus bei den Gebeugten sein will – wenn wir wollen. Die Heilige Schrift enthält besondere Zusagen und Tröstungen für Waisen und Witwen (Jeremia 49,11; Psalm 68,6; 5. Mose 10,18; Hosea 14,4; Jakobus 1,27 u.a.).

- Das Denken an unseren eigenen Tod kann mit einer Frage verbunden werden. Für jeden, der hier sein Leben Jesus Christus anvertraute, bedeutet das Sterben nicht „Schluss", sondern ein Schritt zur Vollendung. Wie werden wir den Tod bestehen, in Hoffnung und Gewissheit oder im Dunkel des Unglaubens?
- Am Grab ist meistens nur eine kurze Botschaft möglich. Nicht in jedem Fall ist Gesang angebracht; es hängt u.a. von der Zahl der Sänger, vom Wetter u.a. ab. Aber es muss in irgendeiner Form gesagt werden, dass hier nicht die letzte Station ist (Hebräer 13,14). Es muss auch hörbar werden: Alle werden auferstehen, die einen zum ewigen Leben, die anderen *„zur Schande, zu ewigem Abscheu"* (Daniel 12,2).
- Nicht gesagt werden soll: „Erde zu Erde, Asche zu Asche, Staub zu Staub", sondern bezeugen und erinnern, was die Heilige Schrift sagt: *„Von Erde bist du genommen, zu ihr wirst du zurückkehren. Denn Staub bist du, und zum Staub wirst du zurückkehren"* (1. Mose 3,19). – Der Glaube spricht hier Worte der Hoffnung wie Hiob 19,25; 1. Korinther 15 u.a.
- Das Gebet am Grab kann noch einmal Dank für die Hoffnung sein, die dem Verstorbenen geschenkt war. Aber es muss auch Bitte für alle sein, die hier trauern. Es kann auch um Klärung der Frage gebetet werden: Wie wird mein Leben vom Ende her aussehen?
  Wir danken am offenen Grab, dass Jesus Christus uns ein Leben gibt, das kein Tod zerstören kann, das sagt uns sein Wort. Dazu kann zum Beispiel Johannes 11,25 oder ein ähnliches Wort gelesen werden.

Gerhard Jordy

Zusammenstellung von Bibeltexten für Trauerfeier und Beerdigung

1. Im Rahmen des Ablaufs

a) Für den Beginn

Es ist hilfreich, wenn am Anfang einer Trauerfeier einfach Gottes Wort steht. Besser als eigene Ausführungen sind an dieser Stelle für den Redner wie für die Hörer mehrere Bibeltexte, die sowohl Gott als den Herrn über Zeit und Ewigkeit als auch die Hoffnung des Menschen für die Gegenwart und über den Tod hinaus zum Ausdruck bringen. Die Bibeltexte können je nach Situation aus allen Abschnitten unter 2. ausgewählt und aneinander gereiht werden.

b) Für die Trauer-Predigt

Hier sollte man bei der Auswahl des Textes die Wünsche der Hinterbliebenen berücksichtigen oder mit deren Einverständnis den Bibelvers zum Ausgangspunkt der Predigt machen, der auf die Traueranzeige gesetzt worden ist. In beiden Fällen wird es sich oft um Bibeltexte handeln, die nicht direkt auf einen Trauerfall zugeschnitten sind, da die Angehörigen meistens mehr Person und Leben des Heimgegangenen im Auge haben. Zuweilen werden auch ausgesprochen evangelistische Texte gewünscht. Insofern gelten die unter 2. genannten Bibelstellen mehr für die Teile a) und c) der Trauerfeier, obwohl sie natürlich je nach Situation ganz oder teilweise auch für die Predigt gewählt werden können. Darüber hinaus können der Bibel viele andere Texte entnommen werden, die zwar vordergründig nicht dem Anlass entsprechen, aber der Situation des Trauerfalls angemessen sind.

c) Für die Beerdigung
Am Grab sollten in der Regel nur Gottes Wort und Gebet stehen. Eine Botschaft ist hier angesichts der meist ungünstigen klimatischen und akustischen Verhältnisse sowie wegen der mangelnden Bereitschaft der Teilnehmer zum Zuhören unangebracht. Was nicht bei der Trauerfeier gesagt worden ist, kann am Grab kaum nachgeholt werden. Das Verlesen von Texten, die sowohl Trost als auch einen Ausblick auf die Auferstehung und die Ewigkeit geben, ist jedoch notwendig und der Situation angemessen.

2. Bibeltexte nach Themen geordnet

Gott – Zeit – Ewigkeit

1. Mose 3,19b
Hiob 14,1f
Psalm 31,16
Psalm 39,5-7
Psalm 90,1-12
Psalm 139,1-18
Jesaja 40,6-8
und 1. Petrus 1,25
Jesaja 55,6-9
Johannes 17,3
Offenbarung 21,1-8

Trost und Hoffnung

Psalm 16,1.8-11
Psalm 23,1.4.6
Psalm 25,4-6.16-18.20
Psalm 27,1.4f.13f
Psalm 31,6.10f.20
Psalm 34,2-9.19
Psalm 37,5
Psalm 42,2-6
Psalm 46,2-8
Psalm 55,23
Psalm 63,2-8
Psalm 68,20f
Psalm 71,1-9.18-21
Psalm 73,23-26.28

Psalm 77,2-15
Psalm 102,1-6.12-14.17-19
Psalm 121
Psalm 124,8
Psalm 126,5f
Psalm 130,1-7
Jesaja 41,10
Jesaja 43,1-3a
Jesaja 46,4
Jesaja 49,14-16
Jesaja 54,10
Jeremia 29,11f
Jeremia 31,3
Klagelieder 3,22-26.31-33
Klagelieder 3,54-57
Matthäus 11,28-30
Markus 5,36
Johannes 13,7
Johannes 14,27
Johannes 16,33
Römer 5,1-6
Römer 8,18-30
1. Korinther 10,13
1. Korinther 15,54-57
2. Korinther 4,16-18
1. Petrus 5,6f
Offenbarung 14,13

Auferstehung und Gericht

Hiob 19,25-27a
Psalm 17,15
Psalm 90,10-12
Matthäus 24,35-44
Johannes 5,24-29
Johannes 10,27-30
Johannes 11,25f
Johannes 14,1-3
Römer 6,8-10
Römer 6,23
Römer 8,31-39
Römer 14,7-9
1. Korinther 2,9
1. Korinther 15,20-22
1. Korinther 15,42-44.49f
1. Korinther 15,54-57
2. Korinther 4,14-18
2. Korinther 5,1
2. Korinther 6,9f
Epheser 1,11f
Epheser 2,4-7
Philipper 1,21
Philipper 3,20f
1. Thessalonicher 4,13-18
2. Timotheus 1,9f.12
Hebräer 13,14
1. Petrus 1,3-9
1. Petrus 1,18-21
2. Petrus 3,13
1. Johannes 3,1f
1. Johannes 4,9f.15-19
1. Johannes 5,4f.11-13
Offenbarung 21,1-8

Ein trauerndes Kind hat das Recht ...

15 hilfreiche Regeln

Diese Regeln wurden von Kindern und Jugendlichen des vor über 20 Jahren in Oregon (USA) gegründeten Dougy Center für die Betreuung von Kindern und Jugendlichen zusammengestellt. Der Name Dougy Center leitet sich ab von dem ersten dort therapierten Jungen.

Ein trauerndes Kind hat das Recht,

- die Wahrheit über den Tod, die verstorbene Person und die Todesumstände zu erfahren,
- Fragen ehrlich beantwortet zu bekommen,
- mit Respekt behandelt und ernst genommen zu werden,
- nichts zu sagen, wenn es nicht will, und seine Gefühle und Gedanken auch für sich zu behalten, wenn es möchte,
- auch eigene andere, von denen der Erwachsenen abweichende Vorstellungen und Erklärungen für den Tod zu haben,
- die Person, die gestorben ist, und den Ort, an dem sie gestorben ist, noch einmal zu sehen,
- überall dann und dort zu trauern, wann und wo es möchte, wenn es sich und andere dabei nicht verletzt,
- in seiner Trauer alle eigenen individuellen Gefühle und Gedanken zu haben,
- nicht den „Phasen der Trauer" folgen zu müssen, wie sie in manchen Ratgebern vorgegeben werden,
- in seiner/ihrer ganz individuellen und eigenen Art zu trauern, ohn dafür bewertet oder verurteilt zu werden,

- wütend über den Tod, auf die Person, die gestorben ist, auf Gott, sich selbst oder andere zu sein,
- Menschen, die unsensibel gegenüber ihren Gefühlen sind, auch einmal zu verärgern oder vor den Kopf zu stoßen,
- ihre eigenen religiösen oder philosophischen Erklärungsmuster und Vorstellungen über den Tod zu entwickeln und zu haben, auch wenn diese von denen anderer abweichen,
- in Entscheidungen über Rituale im Zusammenhang mit der verstorbenen Person und mit dem Tod einbezogen zu werden,
- nicht ausgenützt zu werden in der von Schmerz und Verletzlichkeit geprägten Situation,
- Schuldgefühle darüber zu empfinden, dass man den Tod durch etwas hätte verhindern können, selbst, wenn diese unbegründet und irrational sind.

(Quelle: www.trauernde-kinder.de)

Anhang B

Bestattungsvorbereitung in der Übersicht

Benachrichtigung des Arztes
=> Totenschein

Nahe Angehörige benachrichtigen und um Hilfe bitten

Telefonische Benachrichtigung von Verwandten, Freunden usw.

Mit Totenschein beim Standesamt
=> Sterbeurkunde beantragen
=> bei Feuerbestattung zusätzliche Formalitäten erledigen (evtl. durch Bestatter)

Bestatter benachrichtigen
=> Überführung zum Bestatter
=> Sarg/Urne aussuchen
=> Leistungsumfang festlegen

falls gewünscht: Aufbahrung organisieren

Quelle: Gesund! vom 17. September 2005, Beilage der Zeitungsgruppe Lahn-Dill, www.mittelhessen.de

Bestattungszeitpunkt abklären
=> Friedhofsverwaltung
=> Kirchengemeinde
=> freier Redner

Bestattungsablauf besprechen mit
=> nahen Angehörigen
=> Bestatter
=> Pfarrer o. andere ausgewählte Person

Friedhofsverwaltung
=> Wahlgrab aussuchen
=> Aufbewahrung vereinbaren

Gaststätte/ Gemeindehaus
=> Reservierung
=> Bewirtungsabsprachen
=> Kostenrahmen

Druckerei beauftragen
=> Totenbriefe
=> Umschläge vorab mitnehmen

Todesanzeige aufgeben
=> Text festlegen
=> Größe aussuchen
=> Preis nennen lassen

Blumengeschäft
=> Kranz/Kranzschleife
=> Sarggesteck
=> Schmuck in Trauerhalle

Benachrichtigungen (Fristen)

=> Gewerkschaft
=> Rentenstelle
=> Lebens-/ Unfallversicherung
=> Krankenkasse
=> Bankgeschäfte
=> Miete, Strom, Telefon, Abos, Mitgliedschaften
=> Testament zum Nachlassgericht

Buchempfehlungen zum Thema

Hartmut Jaeger (Hrsg.)
Warum das alles?
Persönliche Erfahrungen und Denkanstöße im Leid

Taschenbuch, 64 Seiten, € 2,50
ISBN 3-89436-286-3

Dieses Buch nimmt Stellung zur Frage nach dem Leid. Es wird deutlich: Wer glaubt, ist besser dran im Leid und gewinnt sogar eine Perspektive über das Leid hinaus.

Roland Antholzer
trauern und trösten
Gebunden, 126 Seiten, € 12,10

ISBN 3-85666-175-1 Schwengeler

Das Buch soll ein Beitrag sein für die Seelsorge an trauernden Menschen. Es vermittelt ein fachlich und biblisch begründetes Verständnis der Trauer und führt in die seelsorgerliche Aufgabe des Tröstens ein. Der Autor zeigt auf, welche Fehler beim Trösten zu vermeiden sind, und möchte den Seelsorger zu rechtem, biblischen Trösten ermutigen.

Christliche Verlagsgesellschaft mbH
Kompetent. Profiliert. Engagiert.